Guía Viva

VALENCIA

GUÍA VIVA EXPRESS
VALENCIA

Textos: **Silvia Roba, Francesc Ribes** y **Olga García**.
Editora de proyecto: **Olga García**. Coordinación técnica: **Mercedes San Ildefonso**. Cartografía: **Anaya Touring Club**. Equipo técnico: **J. Braulio Señas, Jesús García** y **Michi Cabrerizo**. Ilustraciones: **Ximena Maier**.

Diseño tipográfico y de cubierta: *marivíes*

Todas las fotografías pertenecen a **Remedios Valls/Anaya Touring,** excepto: **Archivo Anaya:** 41. **Cosano, P./Anaya:** 36, 100 y 119. **Fotolia:** 14, 40, 43, 47, 85, y 118 (fondo). **Francesc Ribes:** 9 (inf.), 19, 23, 25, 26, 27, 28, 29 (izq.), 54 (dcha.), 66, 73, 101, 103, 118 (dcha.), 122 y 124. **Ruiz, J.B./Anaya:** 56. **Steel, M./Anaya:** 57. **Turismo Valencia** (© TVCB, Valencia 2008. Todos los derechos reservados): 9 (sup.), 15, 24, 25 (centro izq.), 29 (dcha.), 30, 32, 35, 38, 42, 54 (izq.), 55 (izq.), 61, 62 (centro dcha.), 68, 70, 74, 76, 77, 81, 84, 90, 104, 105 (sup.), 112, 114 (sup.).

Impresión: Varoprinter, S. A.

Primera edición: enero, 2010

Reservados todos los derechos. El contenido de esta obra está protegido por la Ley, que establece penas de prisión y/o multas, además de las correspondientes indemnizaciones por daños y perjuicios, para quienes reprodujeren, plagiaren, distribuyeren o comunicaren públicamente, en todo o en parte, una obra literaria, artística o científica, o su transformación, interpretación o ejecución artística fijada en cualquier tipo de soporte o comunicada a través de cualquier medio, sin la preceptiva autorización.

© Grupo Anaya, S. A., 2010
  Juan Ignacio Luca de Tena, 15. 28027 Madrid

Depósito legal: M-46.659-2009
ISBN: 978-84-9776-963-1
Impreso en España - Printed in Spain

www.anayatouring.com
En la página web de Anaya Touring Club se puede consultar nuestro catálogo de publicaciones e informarse sobre las novedades.

VALENCIA EXPRESS

- **LOS IMPRESCINDIBLES** 8
- **DATOS PRÁCTICOS** 30
- **VISITA A LA CIUDAD** 50
  - LA VALENCIA MONUMENTAL 54
  - LA VALENCIA CULTURAL 72
  - LA VALENCIA MODERNA 89
  - LA VALENCIA MARINERA 100
  - LA NOCHE 104
  - DORMIR EN VALENCIA 106
  - COMER EN VALENCIA 109
- **EL CONTEXTO** 112
  - CRONOLOGÍA HISTÓRICA 114
  - VALENCIA: PASADO Y FUTURO 116
  - VALENCIANOS ILUSTRES 123
- **ÍNDICE** 126

CÓMO USAR ESTA GUÍA

Esta guía proporciona toda la información necesaria para preparar y disfrutar el viaje a Valencia. Está dividida en cuatro apartados:

Los imprescindibles

Se desarrollan aquí los **puntos clave**, visitas o actividades que entrañan un especial interés para el viajero y que no debería perderse.

Datos prácticos

En esta sección se recoge toda la **información** referente a transportes, oficinas de turismo, accesibilidad, agenda cultural, compras, etc.

Visita a la ciudad

En el apartado **Visita a la ciudad** aparece la **descripción monumental** de Valencia, organizada varias rutas, seguida de una relación de lugares para salir de noche (*La noche*) y de una completa selección de hoteles y restaurantes (*Dormir en Valencia* y *Comer en Valencia*).
Los recuadros de color proporcionan información adicional sobre tapeo, curiosidades, compras, vida nocturna...
La **selección de hoteles y restaurantes** se ha realizado a partir de un riguroso criterio de calidad-precio. En cuanto a los **alojamientos,** se describen desde los hostales más económicos, hasta

---

SIGNOS CONVENCIONALES EN LOS PLANOS

PLANOS DE DÍA	PLANOS DE NOCHE
Edificios de interés turístico	Edificios de interés turístico
Parques y jardines	Parques y jardines
❶ Restaurantes	◻ Alojamientos
🛈 Información turística	Ⓜ Metro

los hoteles de precio más elevado. Los **restaurantes** reseñados también ofrecen un amplio abanico de tipologías y precios. Se recomienda consultar el apartado dedicado a la gastronomía (ver *Los imprescindibles*) para disfrutar al máximo de la visita a los restaurantes que se proponen en esta sección.

Para acompañar a la visita, y con el fin de facilitar la comprensión de los recorridos que se proponen, se incluyen dos **planos desplegables** (de día y de noche) que, en colores diferenciados, muestran los distintos ambientes que se pueden encontrar en Valencia, tanto de día como de noche.

En el **plano de día** se resaltan las zonas comerciales, así como los restaurantes y monumentos más interesantes que merece la pena visitar durante el viaje.

En el **plano de noche,** donde se señalan los alojamientos recomendados, se destacan las calles más animadas para disfrutar de la ciudad en horario nocturno.

Además, en las páginas 6-7 se ha incluido un mapa que refleja los **accesos a Valencia.**

El contexto

En esta sección se ofrecen algunos apuntes sobre la historia, las tradiciones y las costumbres de la ciudad, el arte y la arquitectura, así como otros aspectos interesantes relacionados con la cultura valenciana.

Todos los comentarios, sugerencias y críticas de nuestros lectores son leídos y tenidos en cuenta para próximas ediciones.

La información contenida en esta guía ha sido cuidadosamente comprobada antes de su publicación. No obstante, dada la naturaleza variable de algunos datos, como horarios o precios, recomendamos su verificación antes de salir de viaje.
Los editores agradecen de antemano cualquier sugerencia u observación al respecto y declinan cualquier responsabilidad por los daños o molestias que pudieran ocasionar a los usuarios de la guía.

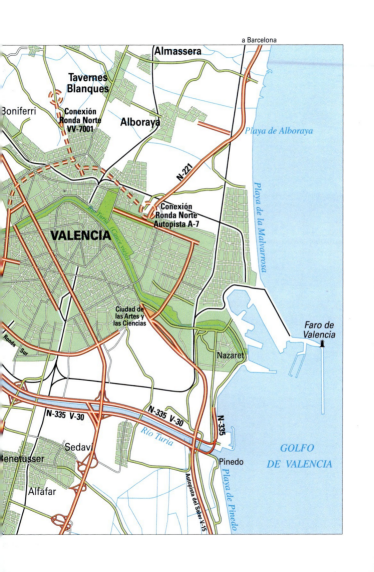

LOS IMPRESCINDIBLES

CIUDAD DE LAS ARTES Y LAS CIENCIAS

La cultura y la divulgación científica son los ejes sobre los que gira este espacio abierto a todos, un complejo único en Europa que ocupa una extensión de dos kilómetros junto al cauce del río Turia, una verdadera ciudad del futuro.

El objetivo, ambicioso, que se planteó la Generalitat hace ya algunos años fue rehabilitar un terreno degradado, situado al final de los Jardines del Turia, para reconvertirlo en un espacio cultural y divulgación científica que fuera, al mismo tiempo, un foco de interés capaz de atraer todas las miradas, incluso allende nuestras fronteras. El encargo recayó en manos del arquitecto Santiago Calatrava, valenciano para más señas, y el resultado no defraudó a

nadie. La propia arquitectura de los edificios que componen el recinto –espectacular, grandiosa, futurista– es suficiente reclamo para los cientos de miles de turistas que cada año se acercan a Valencia, más allá del interés que despierta su contenido, tanto de carácter científico como artístico o natural. Esta nueva ciudad, nacida en una esquinita de Valencia, merece todos los elogios, y no hay que dejarse amedrentar por las eventuales colas que se forman en la entrada: no todos los días de tiene la posibilidad de pasear por una urbe del futuro.

La Ciudad de las Artes y las Letras está integrada por cinco grandes elementos arquitectónicos: el Museo de las Ciencias Príncipe Felipe, el Hemisfèric, el Umbracle, el Oceanográfico y el Palau de les Arts Reina Sofía.

LOS IMPRESCINDIBLES

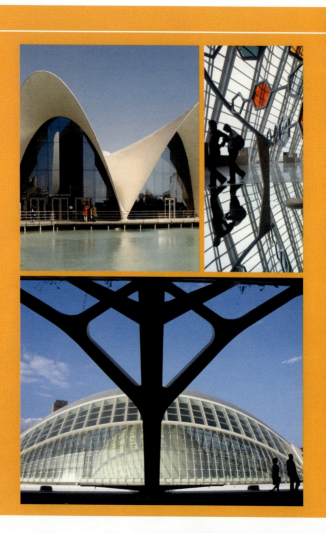

El Museo de las Ciencias tiene la misión de dar a conocer de forma interactiva y amena todo lo relacionado con la evolución de la vida, la ciencia y la tecnología. El Palau de les Arts está dedicado a la programación musical y operística. El Oceanográfico es el mayora acuario de Europa, y en él se hallan representados todos los ecosistemas marinos del planeta. El Umbracle es un mirador de más de 17.500 metros cuadrados desde el que se puede contemplar la totalidad de los espacios que conforman la Ciudad de las Artes y las Ciencias, y presenta vegetación propia de la región mediterránea, de la Comunidad Valenciana y de países tropicales. Por último, el Hemisfèric es una espectacular sala de proyecciones en gran formato y 3D, con una pantalla cóncava de 900 metros cuadrados.

LAS FALLAS

Es la fiesta grande de Valencia. Llega mayo y arden las calles bajo la advocación de su patrón, San José, en vísperas del solsticio de primavera. Más de setecientos monumentos de cartón o poliuretano serán pasto de las llamas en sólo unos minutos después de un año de desvelos y mucho trabajo.

De todos los elementos de la naturaleza, es el fuego y no el agua el más purificador. Al menos eso piensan en Valencia y en el resto de la Comunidad Valenciana. Las fallas son sin duda la gran explosión lúdico-festiva por excelencia de estas tierras, unas celebraciones que han traspasado fronteras: en cuántas ocasiones los canales de televisión europeos han transmitido en directo la gran noche de la *cremà*. De aquí su catalogación como Fiesta de Interés Turístico Internacional.

Los orígenes de este festejo son paganos, aunque es San José quien abandera fuegos artificiales y *mascletàs*. Del 12 al 19 de marzo todo es bullicio, alegría y entrega, y es un espectáculo observar los detalles que lleva implícita la cita más señalada del calendario valenciano: las flores inundan calles y plazas, en las las horchaterías no cabe un alfiler, el olor a pólvora se pega al cuerpo y no te suelta, y todos tiene ganas de vivir la fiesta en la calle.

Prohibido usar el coche en estos días, por varias razones: muchas calles están cortadas, se forman atascos imposibles y, lo más importante, hay que caminar... para ver. La última falla en arder es la del Ayuntamiento, pero lo interesante es callejear por todos los barrios: sólo así se puede captar la esencia de la fiesta.

Y una última recomendación: si hay que alojarse en la ciudad, es obligación reservar con mucha antelación, porque en estas fechas en Valencia no cabe un alma.

LAS FALLAS

LOS IMPRESCINDIBLES

LOS IMPRESCINDIBLES

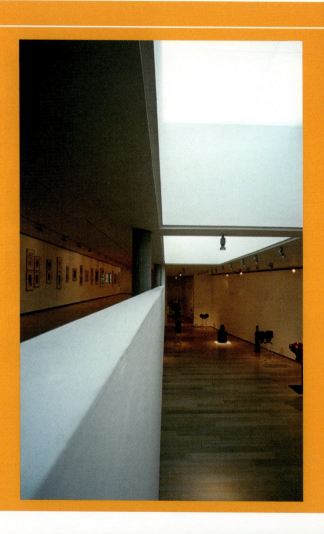

IVAM

El Instituto Valenciano de Arte Moderno es un referente cultural de primer orden en toda Europa, tanto por su colección permanente como por las exposiciones temporales que programa año tras año. Es el premio por nacer y crecer con la vanguardia del arte como bandera.

El IVAM es uno de esos museos por el que visitantes de toda España acuden a Valencia, aunque sea con el único objetivo de ver una exposición. Pero también los valencianos saben que en su museo de arte moderno se programa lo mejor de la vanguardia artística. En el IVAM son conscientes de esa labor de acercamiento del arte a los ciudadanos, y su calendario está repleto de actividades y talleres para todos los públicos. El fondo museístico está compuesto por más de 10.000 obras que representan los movimientos artísticos desarrollados en el siglo xx.

El eje que dio forma a la colección fue la obra del escultor Julio González, uno de los artistas más reconocidos de la última centuria, de cuya inspiración nacieron las 400 piezas que atesora el museo. Asimismo, la totalidad de la obra pictórica del valenciano Ignacio Pinazo se expone aquí. Un lugar importante en la Colección lo ocupan también los fondos dedicados al diseño gráfico, el fotomontaje y, principalmente, la fotografía de los grandes maestros del siglo xx.

Y como la ciudad de Valencia no para de reinventarse a sí misma con la intención de ser un faro de modernidad y cultura en este siglo xxi, no sólo en España sino también en Europa, el IVAM no podía quedarse al margen, y ha iniciado un proceso de renovación de las instalaciones que lo convertirán en un edificio puntero en cuanto a arquitectura y tecnología. La intención de las obras de reforma es ampliar el espacio expositivo y facilitar la comunicación con el entorno, que no es otro que el barrio del Carmen. El estudio tokiota de arquitectura SANAA se encarga del proyecto, que consistirá en un recubrimiento de acero perforado –una segunda piel– que respetará el edificio original y creará, entre otros equipamientos, una espectacular terraza en la azotea de 2.100 metros cuadrados con un jardín de esculturas, que servirá de mirador de toda la ciudad y lugar de descanso para los visitantes.

Los mercados

Es sabido que visitar los mercados de las ciudades a las que se viaja constituye una de las mejores maneras de acercarse a la cultura local, pero si en algún lugar esta realidad tiene sentido es en Valencia, donde la gastronomía está tan presente que es un elemento inseparable del carácter de los valencianos.

Los dos mercados más bonitos de Valencia poseen la impronta originalísima del modernismo, aunque es cierto que la mayoría de los parroquianos no suele detenerse en los detalles, ya que suelen ir con la prisa que impone la ciudad y la lista de la compra en la mano, especialmente a mediodía, cuando bullen de actividad. Es obligatorio recorrer los puestos, aunque sea sin intención de comprar, pero un zumo de naranjas recién exprimidas o un poco de fruta siempre viene bien para reponer fuerzas. El Mercado Central es realmente una joya arquitectónica: una estructura de hierro trufada de vidrieras, azulejos, mármoles y una cúpula bellísima, decorada con una veleta, la Cotorra, y cerámicas con motivos de naranjas y limones. Más valenciano, imposible.

El Mercado de Colón, como el Central, ha sido rehabilitado recientemente y luce ahora su cara más hermosa. Tiene tiendas de comestibles, la mayoría de exquisiteces, algunos restaurantes, una floristería, un par de cafeterías... El sitio ideal para un descanso durante la visita a Valencia.

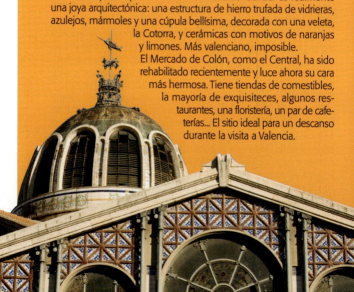

LOS MERCADOS

LOS IMPRESCINDIBLES

La playa

Las playas de Valencia, la de Levante y la Malvarrosa, son un espacio de ocio al aire libre abierto las 24 horas y casi todos los meses del año, un privilegio al que le sacan partido los valencianos y los turistas. Cuando hace frío y no hay valor para meterse en el agua, basta con pasear por la orilla o por el mismo paseo Marítimo.

A un lado, una extensión de arena fina y las aguas cálidas del mar Mediterráneo; al otro, chiringuitos, restaurantes, heladerías y algunos hoteles. Así es el paseo que recorre la playa de la Malvarrosa. Aquí siempre hay gente: paseantes, vendedores ambulantes, turistas en busca de una mesa para tomar un aperitivo, comer o cenar... Lo mejor de la playa es que está a un paso del centro, junto al renovado puerto,

y que cuenta con todos los servicios para disfrutar de un día al sol: sombrillas, hamacas, accesos para sillas de ruedas, duchas...
Las bondades de este tramo del litoral fueron descubiertas por la burguesía valenciana en el siglo XIX, que en poco tiempo comenzó a construirse aquí sus residencias veraniegas y transformó la playa un espacio de ocio. Sin embargo, el origen del uso de este arenal se remonta a varios decenios antes, cuando se utilizaba para desembarcar las mercancías que llegaban diariamente con destino a otros lugares del interior. Los bueyes, en la misma orilla, arrastraban las barcas a tierra firme. Esta escena, cotidiana en otra época, fue retratada magistralmente por el pintor valenciano Joaquín Sorolla, el artista que mejor supo captar la brillante luz de esta parte del Mediterráneo.

LA CATEDRAL Y EL MICALET

Fueron necesarios 150 años para terminar, más o menos, las obras de construcción de esta catedral, que, junto con el Micalet, conforma uno de los edificios emblemáticos de Valencia. El estilo gótico, que cuenta con ejemplos extraordinarios en Valencia, constituye uno de los principales atractivos de la ciudad.

Tan sólo unos años después de la entrada en Valencia de Jaime I el Conquistador, se iniciaron las obras de construcción de la catedral, sobre el solar de la antigua mezquita mayor musulmana, y sucesivas ampliaciones le dieron la forma que hoy podemos ver. Una de las mejores panorámicas de la ciudad se obtiene desde lo alto del Micalet (o Miguelete), un original campanario octogonal directamente emparentado con las torres exentas italianas, los *campaniles*. Se recomienda realizar una visita guiada a la catedral para descubrir en detalle las curiosidades y majestuosidad que encierra este singular edificio.

LA CATEDRAL Y EL MICALET

LOS IMPRESCINDIBLES

Gastronomía: paella y mucho más

La fama de la paella, verdadero plato nacional, no hace sombra a la rica gastronomía de la Comunidad Valenciana, que se basa tanto en la variedad de su despensa como en la imaginación de quienes, durante generaciones, han guisado en el campo, el mar o el hogar.

La valenciana es la cocina del arroz, pues es en esta Comunidad donde se vive con más intensidad la pasión por esta gramínea, que se extiende por todo el Levante español. Decenas de recetas trasladan el cereal a la mesa en múltiples formatos: seco, cremoso, caldoso u horneado, por no mencionar sus sorprendentes texturas dentro de la cocina creativa o de autor. El origen de la culinaria valenciana –como el de casi todas, dicho sea de paso– es rural y humilde, de hombres y mujeres que interrumpían brevemente sus tareas en el campo o en el mar para conjugar platos sabrosos y nutritivos con lo que tenían más a mano, en función de la temporada y la proximidad, y sin grandes dispendios. Ese sustento necesario, que en cualquier otra parte hubiera conducido a la monotonía, aquí derivó en fantasía e imaginación, debido a dos factores: la capacidad del arroz para absorber los sabores de los ingredientes a los que acompaña (diferentes productos y combinaciones, diferentes arroces) y la ya apuntada y portentosa diversidad de la despensa valenciana. La lista que se puede confeccionar a partir de lo que contienen los arroces de esta tierra es interminable: rapes, patos, rayas, caracoles, espárragos, coliflores, alubias, pollos, calamares, conejos, anguilas, alcachofas, gambas, cigalas, bogavantes y así hasta el infinito.

Y si la primera columna que sostiene la cocina valenciana es la cultura del arroz, la segunda es la del potaje, la de las ollas y *olletes* que bullen en las tierras del interior. Todas se benefician de una tierra generosa en verduras y legumbres, y apta para el desarrollo ganadero, principalmente porcino. El apetito chacinero se extiende por todo el

GASTRONOMÍA: PAELLA Y MUCHO MÁS

LOS IMPRESCINDIBLES

territorio y, más allá de jamones, longanizas y morcillas, produce un sinnúmero de embutidos.

Ya sean denominaciones de origen, indicaciones geográficas o marcas CV, los sellos de calidad orientan sobre la pluralidad alimentaria de la que disfrutan los ciudadanos de esta tierra. Así, además del arroz, tenemos la chufa y la horchata, la *clóchina* (mejillón) del puerto de Valencia, el aceite de oliva virgen, etc., aparte del vasto capítulo de las frutas, encabezado por los cítricos.

La mayor parte de los arrozales de la Comunidad Valenciana se concentran en el Parque Natural de la Albufera de Valencia. Parte de la producción arrocera está protegida por la denominación de origen Arroz de Valencia, que ampara exclusivamente tres variedades: senia, bahía y bomba. Todas presentan una característica común: su capacidad para absorber los sabores del caldo y los ingredientes que lo acompañan, piedra angular de la culinaria arrocera. Las decenas de recetas que han brotado de la imaginación de sus cocineros pueden clasificarse por sus ingredientes –carne, pescado o verduras– o por su grado de humedad: secos, melosos o caldosos. La distinción entre melosos y caldosos es con frecuencia subjetiva, todo depende de la cantidad de caldo que permanezca tras la cocción y de su densidad, pero con los arroces secos no hay duda: el grano debe quedar seco, dorado y suelto. La diversidad de arroces caldosos y melosos admite toda suerte de ingredientes, con predominio de pescados y mariscos.

Las paellas son un asunto diferente. Empecemos por el utensilio que le da nombre: una sartén con dos asas, de hierro, ancha y baja que sólo admite una fina capa de arroz. Las paellas no se hacen en cazuelas de hierro o barro. Segundo tema importante: ¿qué se entiende por paella valenciana? No ha habido unanimidad a lo largo de la historia, salvo en el instrumento, la presencia del arroz y el uso del azafrán. En el pasado se aseguraba que la verdadera paella llevaba anguilas, caracoles y judías verdes (lo que aportaba la Albufera, en definitiva), pero en la actualidad la paella valenciana estándar o canónica lleva pollo, conejo, a veces caracoles (vaquetes) y siempre *garrofó*, *tavella* y *ferraura* (una alubia grande y plana típica de Valencia, judía blanca con su vaina y judía verde, respectivamente).

La familia de los arroces secos se compone de paellas como la marinera; la de verduras; la mixta, con pollo y gambas; las paellas con pato, raya o anguila; el arroz a banda, cocido en caldo de pescado de roca, o el arroz del *senyoret,* con marisco desprovisto de cáscara. Si hablamos de frutas, cada año se recolectan en la Comunidad Valenciana unos tres millones de toneladas de cítricos (naranjas, limones y mandarinas), la mitad de la producción española, muchos con el distintivo de la indicación geográfica protegida (IGP) Cítricos Valencianos, que agrupa la producción de naranjas, mandarinas y limones.

El río Xúquer, que riega los naranjales de la Ribera Alta y Baixa de Valencia, también alimenta los cultivos de kaki, una fruta dulce y aromática que proviene de Oriente.

En materia de dulces, fueron los musulmanes quienes introdujeron el cultivo del arroz en estas tierras, pero su legado también se conserva en tahonas y pastelerías, en dulces de horno o sartén cuyas recetas permanecen invariables a través de los siglos y cuya elaboración sigue regida por el santoral.

Helados y granizados son otra especialidad valenciana, cuya bebida por excelencia es la horchata de chufa, con denominación de origen. Si se mojan en ella *fartons*, bizcochos dulces y alargados, la horchata se convierte en un delicioso desayuno o merienda, una tradición muy arraigada en Valencia.

La Albufera

Un pequeño mar. Así es la Albufera que los pescadores recorren cada mañana con sus barcas, los *barquets*. Su habitante más famosa es la anguila, que, una vez capturada, sirve de base a uno de los platos típicos de Valencia, el *all i pebre*.

Acercarse a la Albufera es casi obligado si se visita Valencia. Primero porque está a un tiro de piedra de la gran ciudad, apenas 11 kilómetros al sur, por la carretera en dirección a El Saler. Y segundo porque este humedal protegido posee una belleza sobrecogedora, especialmente al alba y al caer la tarde. Los aficionados a la fotografía saldrán de aquí con algunas postales para enmarcar.
La Albufera es en realidad un lago, que se comunica con el mar Mediterráneo a través de *golas* (canales) y compuertas que regulan el flujo de agua. También el parque sirve de lugar de descanso para las aves, a pesar de la presión urbanística y del terreno cada vez más menguado en favor de los cultivos de arroz. En el centro del lago se encuentra uno de los pueblos más típicos, El Palmar. Aquí existe la posibilidad de alquilar un *barquet* para recorrer la zona y observar la flora y la fauna, o simplemente deleitarse con el paisaje, que aún conserva imágenes de otro tiempo. Durante la excur-

sión se pueden observar las casas tradicionales de la huerta valenciana, las barracas, con su llamativo tejado a dos aguas, fabricadas con barro, carrizos, juncos... y cualquier otro material encontrado en el medio natural. Tiene dos plantas: la inferior es la vivienda y la superior se usa como almacén. Tal vez nos vengan a la memoria las obras del escritor valenciano Vicente Blasco Ibáñez, en las que plasmó magistralmente el ambiente y la vida cotidiana de las gentes de la Albufera.

Este territorio es además cuna de platos típicos, como la *llisa torrà* (mújol asado), y de otros fundamentales en la cocina valenciana. Es el caso del *arròs de perol,* con pato, nabos y boniato, especialidad de Silla, o del *all i pebre,* tradicional de Catarroja. Aunque en la receta tradicional se elabora con anguila y patatas, lo cierto es que el *all i pebre* es una salsa a base de ajo, aceite de oliva, guindilla y pimentón con la que se pueden cocinar otros pescados, como el rape o la lubina. La anguila es asimismo el ingrediente principal de la *espardenyà,* un guiso barroco en el que el escurridizo pez comparte cazuela con trozos de pollo, patatas, almendras y huevos escalfados. En los restaurantes de la zona es fácil encontrar estos platos tradicionales.

DATOS PRÁCTICOS

Llegada a Valencia

■ Equidistante de Madrid (352 km) y Barcelona (349 km) y parada obligada en las rutas por el corredor mediterráneo, Valencia es, además, la salida más próxima al mar para muchos habitantes del centro peninsular. No es raro, pues, que la Comunidad Valenciana sea uno de los destinos predilectos de españoles y europeos para sus vacaciones. Los primeros suelen viajar hasta la costa levantina en coche, mientras que la mayoría de los extranjeros lo hace en avión. Ambos se benefician de las buenas comunicaciones con que cuenta la ciudad, que pronto mejorarán aún más con la nueva línea de tren de alta velocidad Madrid-Valencia.

■ **En avión.** El avión es el medio de transporte elegido por la mitad de los turistas que visitan la capital del Turia. El aeropuerto de Valencia (telf. 902 404 704) se encuentra a ocho kilómetros de ciudad, en los términos municipales de Quart de Poblet y Manises. Por carretera se llega por la N-220, que conecta con la A-3 y la N-335. El trayecto en taxi hasta el centro de la ciudad cuesta aproximadamente unos 20 €, y la parada se ubica en la terminal de llegadas, frente a la parada de autobús. Éste también es un buen medio para llegar a la capital. La línea metropolitana 150 (telf. 963 160 707) cubre el trayecto entre el aeropuerto y Valencia capital, pasando por las localidades de Mislata, Quart de Poblet y Manises. Ya en Valencia, el autobús tiene paradas en la estación central de autobuses (avda. Menéndez Pidal), Gran Vía Fernando el Católico, calle Cuenca y avda. del Cid.

Por otra parte, en la planta baja de la terminal de vuelos regionales se accede a la estación de metro (telf. 900 461 046), por la que pasan dos líneas, la 3 (roja) y la 5 (verde). Ambas tienen paradas en el centro de la ciudad, pero la 3 prosigue hacia el norte (hasta Rafelbunyol, pasando por Alboraya), mientras que la 5 llega hasta el mar (el puerto y la avenida de Neptuno) y un ramal continúa hacia el sur (Torrent).

■ **En coche.** El coche es el medio elegido por el 85% de los españoles que se desplazan hasta las playas valencianas, lo que explica que el tránsito en la autovía A 3

(Madrid-Valencia) protagonice año tras año las noticias sobre las operaciones salida. Al llegar a la ciudad, la A 3 continúa por la avenida del Cid hasta el centro, mientras que la autopista A 7, por la que llegan los viajeros europeos desde el norte, lo hace por la avenida de Cataluña.

■ **En tren.** Hasta que el AVE convierta el trayecto entre Madrid y Valencia en un paseo de hora y media, quienes viajen en tren hasta la capital del Turia deben tomarse su tiempo. Mientras se espera la llegada de la alta velocidad (prevista para finales de 2010), el trayecto entre ambas capitales en un tren Alaris supone unas cuatro horas de viaje (seis en un tren regional), y desde Barcelona, más de tres horas. Los trenes de media y larga distancia llegan a la Estación del Norte (Xàtiva, 24; telf. 902 240 202; www.renfe.es), en pleno centro de la ciudad, de estilo modernista, y con una parada de metro cercana (líneas 3 y 5).

ESTACIÓN DEL NORTE

VALENCIA EN INTERNET

Para informarse de cuanto Valencia ofrece, el visitante dispone de esta guía, y también de un buen número de recursos en Internet:

www.turisvalencia.es

La web de Turismo Valencia Convention Bureau, fundación presidida por el Ayuntamiento, recoge amplia (y actualizada) información sobre la ciudad como destino turístico. Entre otras utilidades, permite descargar folletos en varios formatos, hasta para el móvil.

www.valenciaterraimar.org

La web del Patronato Provincial de Turismo es el lugar indicado si se quiere conocer algo más que la ciudad y sus playas. Contiene una amplia relación de lugares de interés turístico.

www.comunitatvalenciana.com

El portal de turismo de la Comunitat Valenciana es algo genérico, pero resulta útil si se dispone de tiempo para conocer otros lugares de la región; también si se es aficionado a deportes al aire libre (buceo, senderismo, ciclismo...), ya que la web da acceso a comunidades virtuales que recogen las recomendaciones de quienes practican estas actividades.

www.turiart.com

Esta web especializada en turismo cultural facilita la compra de entradas y la contratación de visitas guiadas, excursiones, etc., y también contiene propuestas culturales para determinados colectivos: niños, tercera edad, empresas...

www.fallas.com

Quien viaje a Valencia en marzo para vivir las fallas hará bien en visitar la web de la Junta Central Fallera, que recoge toda la información sobre esta singular fiesta.

- **En barco.** Tres compañías operan en el puerto de Valencia (telf. 963 939 500; www.valenciaport.com) para el transporte marítimo de viajeros, y las tres comunican la capital del Turia con los puertos de Mallorca, Menorca e Ibiza: Iscomar (telf. 902 119 128; www.iscomar.com), Acciona Trasmediterránea (telf. 902 454 645; www.trasmediterranea.es) y Baleària (telf. 902 160 180; www.balearia.com).
- **En autocar.** En la Estación Central de Autobuses de Valencia (Menéndez Pidal, 11; telf. 963 466 266) recalan los autocares que recorren los pueblos de la provincia y las principales poblaciones de la Comunidad, así como líneas nacionales e internacionales. Bilman Bus (telf. 963 478 989; www.bilmanbus.es), Auto-Res (telf. 902 020 052; www.avanzabus.com) y Alsa (telf. 902 422 242; www.alsa.es) son algunas de las compañías que unen Valencia con las principales capitales españolas, mientras que Eurolines (telf. 902 405 040; www.eurolines.es) y Starbus (telf. 902 153 655; www.starbus.es) mantienen rutas regulares con un buen número de ciudades europeas.

Moverse por la ciudad

■ Valencia es llana y no muy grande (810.000 habitantes), la temperatura media anual ronda los 18 °C y el promedio de días cubiertos es de 41 al año. En fin, ideal para pasear y disfrutar del aire libre en cualquier época. Además, el transporte público ofrece muchas posibilidades, tanto para recorrer la ciudad como para acercarse a su área metropolitana. Por tanto, es mejor dejar aparcado el coche en el hotel o en uno de los aparcamientos públicos repartidos por toda la ciudad.

■ EN METRO

Las cinco líneas de Metrovalencia (telf. 900 104 610; www.metrovalencia.es) son el medio más rápido para moverse por la capital y para trasladarse a las poblaciones cercanas. En realidad, son tres líneas ferroviarias (la 1, la 3 y la 5) con trayectos subterráneos y en superficie, más dos líneas de tranvía (la 4 y la 6). El 94% de las estaciones de metro están adaptadas para personas con movilidad reducida.

VALENCIA TOURIST CARD

La Valencia Tourist Card (telf. 900 70 18 18; www.valenciatouristcard.com) es una **tarjeta** combinada que permite viajar sin límites en transporte público urbano (incluido el metro hasta el aeropuerto) y ofrece **descuentos** en museos, tiendas y restaurantes concertados. Se puede elegir entre tarjetas de uno, dos o tres días, cuyos precios son, respectivamente, 10, 16 y 20 euros. Se puede comprar en la tienda virtual de Turisvalencia (www.turisvalencia.es), hoteles y oficinas de turismo.

▪ En autobús

Más de 60 líneas de autobús (telf. 963 158 515; www.emtvalencia.es) recorren Valencia en todos los sentidos. 12 de ellas son nocturnas y convergen en la plaza del Ajuntament (excepto la N89 y la N90, que son circulares); funcionan desde las 23 h hasta las 2 h de la madrugada, y hasta las 3 h en viernes, sábado y vísperas de festivo. La Empresa Municipal de Transportes (EMT) también dispone de tres líneas calificadas de turísticas, dado el interés de su recorrido. Son la 5, que bordea todo el casco histórico; la 35, desde la plaza del Ajuntament hasta la Ciudad de las Artes y las Ciencias, y la 95, que también pasa por esta zona y recorre todo el antiguo cauce del Turia. Además, hay líneas que sólo funcionan en verano para facilitar el acceso a las playas y se suman a otras que lo hacen todo el año, como la 1, la 2, la 19 y la 32 (a las playas de las Arenas y Malvarrosa); la 14 y la 15 (a la de Pinedo), y la 31 (a la Patacona, en Alboraya).

Para desplazarse en metro y autobús sin limitaciones, lo más recomendable es hacerse con la Valencia Tourist Card (*ver recuadro*). Otra opción son los bonos de 10 viajes, que funcionan como una tarjeta de crédito y son recargables (en quioscos, estancos y tiendas Opencor, o vía SMS).

■ En Taxi

Los taxis de Valencia, de color blanco, son una buena alternativa para moverse entre dos puntos alejados, ya que las distancias no son amplias, y las carreras, por tanto, no muy caras. Se pueden parar en plena calle o solicitar por teléfono a Radio Taxi (telf. 963 703 333) o Tele Taxi (963 571 313). Ambas empresas disponen de vehículos adaptados para personas con movilidad reducida.

■ En bicicleta

Valencia es una ciudad llana, ya se ha dicho, y los ciclistas lo agradecen infinitamente; además, disponen de casi 80 km de carriles bici y ciclocalles, que aumentarán a más de 120 cuando se alcance el objetivo de comunicar todos los barrios con vías ciclistas. Aunque sólo sea para dar un agradable paseo por todo el frente litoral, merece la pena alquilar una bici en una de las numerosas empresas que ofrecen este servicio. El precio por hora ronda los 5 o 6 €, aunque es más bajo cuanto más largo sea el periodo de alquiler.

■ **Cyclotourbike.** Gran Vía Marqués del Turia, 7. Telf. 902 101 831. www.cyclotourbike.com. Además de bicicletas, alquila ciclos (cochecitos a pedales con toldo) y tándems, y gestiona el servicio de bicitaxi.

■ **Doyoubike.** Pl. Horno de San Nicolás. Telf. 963 155 551. www.doyoubike.com. Tiene otras dos tiendas muy céntricas y dispone de una buena oferta de rutas urbanas y rurales.

■ **Orange Bikes.** Editor Manuel Aguilar, 1. Telf. 963 917 551. www.orangebikes.net. Conocen varias rutas de montaña y por carretera.

■ **Valencia Bikes.** Pº de la Pechina, 32. Telf. 963 851 740. www.valenciabikes.com. Dispone de cinco puntos de alquiler repartidos por el centro, también alquila ciclos con varias plazas y organiza rutas guiadas a pie, en bici o segway.

■ En moto

Quizá no sea tan ecológica como la bicicleta, pero sí más que un coche (y más práctica para moverse por las calles de Valencia).

DATOS PRÁCTICOS

MOVERSE POR LA CIUDAD ▶ 39

Las motos que se alquilan suelen ser escúteres y el precio incluye casco, candado y seguro.
- **Cooltra Motos Valencia.** Avda. del Puerto 47. Telf. 963 394 751. www.cooltra.com.
- **Mototres.** General Barroso, 37. Telf. 963 770 304. www.motorent.com

Información turística
■ Turismo de Valencia (www.turisvalencia.es) dispone de un buen número de puntos de información turística (Tourist Info Valencia). Además de obtener los consabidos planos y folletos, se pueden comprar entradas para museos y espectáculos y contratar excursiones o lo que nos apetezca dentro del amplio catálogo de servicios turísticos que ofrece la ciudad. Algunas oficinas, además, disponen de conexión a Internet.

VLC TURISMO VALENCIA

TOURIST INFO AYUNTAMIENTO DE VALENCIA
- **Pl. de la Reina, 19.** Telf. 963 153 931. Horario: de lunes a sábado, de 9 h a 19 h; domingo y festivos, de 10 h a 14 h.
- **Ayuntamiento.** Pl. Ayuntamiento, s/n (frente a la puerta principal de Correos). Telf. 618 183 500. Horario: de lunes a sábado, de 9 h a 19 h; domingo y festivos, de 10 h a 14 h.
- **Aeropuerto.** Terminal regional, planta de llegadas. Telf. 961 530 229. Horario: de lunes a viernes, de 8.30 h a 20.30 h; sábado, domingo y festivos, de 9.30 h a 17.30 h.
- **Estación del Norte.** Játiva, 24. Telf. 963 528 573. Horario: de lunes a sábado, de 9 h a 19 h; domingo y festivos, de 10 h a 14 h.
- **Playa.** Pº de Neptuno, 2 (frente al hotel Neptuno). Telf. 963 557 108. Horario (sólo en verano): de lunes a viernes, de 10 h a 19 h; sábado, domingo y festivos, de 10 h a 18 h.
- **Puerto.** Estación de Acciona, muelle de Poniente, s/n. Telf. 963 674 606. Horario: sólo abre durante las escalas de cruceros en el puerto.

TOURIST INFO DIPUTACIÓN DE VALENCIA
- **Poeta Querol, s/n (bajo del teatro Principal).** Telf. 963 514 907. www.valenciaterraimar.org. Horario: de lunes a viernes, de 9.30 h a 19 h; sábado, de 10 h a 14 h; domingo, de 11 h a 14 h.

Tourist Info Comunidad Valenciana
■ **Diputación de Valencia.** Paz, 48. Telf. 963 986 422. www.comunitatvalenciana.com. Horario: de lunes a viernes, de 9 h a 20 h; sábado, de 10 h a 20 h; domingo y festivos, de 10 h a 14 h.

Visitas guiadas
■ A pesar de su desarrollo urbanístico en los últimos años, Valencia sigue siendo una ciudad apta para ser recorrida a pie, mejor si es en compañía de un guía profesional, que nos irá descubriendo sus calles, monumentos y curiosidades.

VALENCIA SE MUEVE

Valencia sabe aprovechar las nuevas tecnologías para darse a conocer a los visitantes. Además de las páginas web, repletas de información para preparar el viaje, ya en la ciudad los turistas tienen varias opciones. La más sencilla es descargarse la guía de Valencia en el **móvil** desde www.turisvalencia.es. Es gratis, aunque el usuario deberá abonar a su operador el coste de la descarga.

Otra posibilidad es alquilar un dispositivo **mp3** (telf. 900 701 818) cargado con audioguías que describen los principales atractivos de la ciudad. Se puede alquilar por medio día (5 €) o por un día completo (7,5 €), y se recoge en la Tourist Info de la plaza de la Reina. Los precios son algo inferiores para los niños, y los titulares de la Valencia Tourist Card tienen un descuento del 50%.

Finalmente, València Museu Obert es como una **audioguía** en el móvil. Basta con buscar la señal que identifica este sistema en lugares y monumentos, llamar al teléfono 650 800 200, seleccionar el idioma, teclear el número que aparece en la señal y escuchar la explicación correspondiente. El precio es el que aplique cada operador a la llamada, que tiene una duración aproximada de dos minutos.

VISITAS GUIADAS

- **Valencia Guías.** El recorrido incluye las principales calles, plazas y monumentos; comienzan los sábados a las 10 h y el punto de partida es la oficina de turismo de la plaza de la Reina. La excursión dura unas dos horas y cuesta 15 € (telf. 900 701 818; 50% de descuento con Valencia Tourist Card).
- **Turiart.** Entre otras actividades culturales, esta agencia realiza visitas guiadas por el centro histórico de Valencia que incluyen la entrada a la catedral, la Lonja de la Seda y el palacio del Marqués de Dos Aguas. El recorrido, de dos horas de duración, comienza todos los domingos a las 11 h en la tienda De Valencia (Caballeros, 7), cuesta 12 € y se puede combinar con otras propuestas, como el bus turístico o la entrada al Oceanogràfic, por ejemplo (telf. 963 520 772; www.turiart.com; 50% de descuento con Valencia Tourist Card).
- **Itineris.** Este servicio de guías propone cuatro rutas temáticas por Valencia: antigua (la catedral, la antigua universidad, la Lonja de la Seda, el Mercado Central...), moderna (las fachadas modernistas del Ensanche valenciano), vanguardista (el Palau de la Música y la Ciudad de las Artes y las Ciencias) y litoral (tinglados modernistas del puerto, playa de la Malvarrosa, circuito urbano de Fórmula Uno...). Los precios rondan los 15 €, y a los poseedores de la Valencia Tourist Card se les aplica un 10% de descuento (Quevedo, 6; telf. 963 522 040; www.itinerisvlc.com).
- **Art Valencia.** Las visitas guiadas que organiza esta agencia comienzan todos los viernes a las 11 h en la Tourist Info de la plaza de la Reina, y duran dos horas. La ruta comienza en las Torres de Serranos y termina en la Lonja de la Seda, pasando por la catedral y el Micalet, la basílica de la Virgen de los Desamparados, el Tribunal de las Aguas, el Palau de la Generalitat y otros espacios emblemáticos del núcleo histórico. El precio es de 7,5 € y los poseedores de la Valencia Tourist Card tienen un 10% de descuento (Moratín, 14; telf. 963 106 193; www.artvalencia.com).

Transporte turístico ■ Los visitantes tienen a su disposición numerosos medios de transporte para recorrer Valencia de un modo distinto al habitual. Los hay individuales y colectivos, y todos ofrecen pasar un rato divertido y conocer a un tiempo la ciudad.

■ **Bus Turístic.** Los autobuses de dos pisos, descubiertos y rebosantes de turistas son una estampa habitual en las principales ciudades españolas, y Valencia no es una excepción. El valenciano sigue dos rutas (Valencia histórica y Valencia marítima) que parten de la plaza de la Reina. Un sistema de audio multilingüe ilustra a los pasajeros a lo largo del recorrido y éstos pueden cambiar de recorrido en la citada plaza o en la parada del museo de San Pío V. Los billetes tienen una validez de 24 o 48 horas, y su precio es de 14 € y 18 €, respectivamente (con la Valencia Tourist Card se obtienen 2 € de descuento). En temporada alta (de mayo a septiembre), la primera salida es a las 9.30 h, y la última, a las 19.30 h (a las 21 h en julio y agosto). En temporada baja (de octubre a abril), el servicio funciona de 10 h a 19 h. En ambos casos, las salidas tienen lugar cada media hora, aproximadamente. Además de las dos rutas urbanas, el Bus Turístic ofrece una tercera posibilidad: visitar la Albufera. El recorrido comienza en el centro comercial Aqua y tiene varios puntos de recogida (en la plaza de la Reina y la Ciudad de las Artes y las Ciencias, entre otros) antes de emprender viaje hacia El Palmar, en pleno Parque Natural de la Albufera, donde los pasajeros conocerán los ecosistemas de los arrozales mientras disfrutan de un paseo en barca por la laguna. El precio es de 14 € y en temporada baja el Albufera Bus Turístic sale tres veces al día (de jueves a domingo, a las 10 h, 12.15 h y 16 h); en temporada alta (de lunes a sábado y de junio a septiembre), las salidas son siete, entre las 10 h y las 18.15 h (telf. 963 414 400; www.valenciabusturistic.com).

■ **Visitas guiadas en bicicleta.** La mayoría de empresas de alquiler (ver apartado *Moverse por la ciudad*) propone rutas guiadas en bicicleta. Su coste, duración y contenido es variable, pero todas contemplan los espacios más adecuados para pedalear, como el antiguo cauce del Turia o el paseo Marítimo.

■ **Segway.** Las rutas en Segway, una especie de patinete eléctrico, presentan varias opciones, y en todas hay un monitor para enseñar a los novatos a manejar este artefacto: Valencia Histórica, que visita los principales monumentos; Valencia Millenium, que se centra en la Ciudad de las Artes y las Ciencias y en los espacios creados en el antiguo cauce del Turia; Valencia Natura, por el parque de Cabecera, Bioparc y los Jardines del Turia, y Valencia Dehesa, que recorre la dehesa del Saler, dentro del Parque Natural de la Albufera. Todos los recorridos duran dos horas, excepto Valencia Histórica, que dura una hora, y se pueden combinar entre sí para ampliar el paseo a tres horas o más. Los precios (a partir de 30 €, con un descuento del 10% si presenta la Valencia Tourist Card) incluyen la visita guiada, el casco, el curso de iniciación y una foto de recuerdo. Las salidas (de 10 h a 14 h y de 16 h a 19 h) tienen lugar en la sede de Segway Valencia (Gobernador Viejo, 8; telf. 963 155 937; www.segwayvalencia.com), excepto la ruta Valencia Dehesa, que comienza en las inmediaciones del hotel Sidi Saler.

■ **Landós.** Puede que no sea tan sofisticado como un Segway, pero un paseo en un carruaje tirado por caballos sigue teniendo su encanto (Coches Landós, telf. 963 824 277).

■ **Vela.** Es otra forma de contemplar Valencia y sus playas, y de paso conocer las maniobras básicas de un velero y la jerga marinera. Los paseos a vela tienen su salida (de martes a domingo) en el Port America's Cup, junto al edificio Veles e Vent. Duran una hora y cuestan 15 €. Algo más (20 €) vale la excursión cuando el barco zarpa al atardecer, para contemplar la puesta de sol desde el mar oyendo música *chill out* (telf. 900 701 818; 10% de descuento con Valencia Tourist Card).

◀ DATOS PRÁCTICOS

TELÉFONOS DE INTERÉS

Ayuntamiento de Valencia (información al ciudadano)	010/963 100 010
Generalitat Valenciana (información administrativa)	012
Farmacias de guardia	900 50 09 52
Emergencias	112
Bomberos	080
Cruz Roja (24 horas)	963 67 73 75
Guardia Civil	062
Policía Local	092
Policía Nacional	091

Valencia accesible
■ Tras eliminar desniveles mediante más de 6.000 rampas, instalar semáforos acústicos, suprimir alcorques y aplicar otras medidas, Valencia es más accesible para los visitantes con discapacidades físicas.

En el casco histórico todavía queda mucho por hacer, pero casi todos los museos son accesibles, al igual que la red de metro y un elevado número de autobuses, de piso bajo y equipados con rampa. Por otra parte, la empresa Turiart (ver el apartado *Visitas guiadas*) organiza rutas para personas con movilidad reducida, y el sistema València Museu Obert (ver recuadro *Valencia se mueve*) es muy útil para los turistas ciegos.

Las Tourist Info disponen de toda la información que precisen las personas con necesidades especiales (ver el apartado *Información turística*).

Valencia para niños
■ En Valencia, los padres lo tienen fácil. En todos los nuevos espacios de la ciudad los críos encontrarán atractivos a su medida.

■ **Playas.** No hay que esforzarse mucho para que los niños se diviertan en la playa. Además, cerca de la de la Malvarrosa hay una zona de vuelo de cometas (*catxirulos*), a las que son muy

VALENCIA PARA NIÑOS

COMPRAS

Con un elevado porcentaje de la población dedicada al comercio, ir de compras (www.valenciadecompras.com) requiere cierta planificación. Las tiendas de decoración y de las marcas más conocidas de ropa se suceden en la avenida de Colón, mientras que en el centro histórico conviven los establecimientos tradicionales con la moda urbana más atrevida o el interiorismo de vanguardia.

Hogar y decoración
Dekko
Guillem de Castro, 1.
Telf. 963 943 800.
El Globo
Músico Peydró, 16.
Telf. 963 526 415.
La Tartana
Sorni, 25. Telf. 963 749 129.

Tiendas tradicionales
Almacenes España
Avda. Marqués de Sotelo, 3. Telf. 963 525 879.
Artesanía Fidela
Quevedo, 3. Telf. 963 523 414.
Bordados Paco y Pepita
Pl. Redonda, 34-37.
Telf. 963 925 798.
Cestería Alemany
Liñán, 8. Telf. 963 521 192.
La Casa de la Madera
Músico Peydró, 21.
Telf. 963 528 790.
La Casa de los Botijos
Pl. Redonda, 14 y 15.
Telf. 963 922 811.

Ropa y complementos
Addict
Del Mar, 23. Telf. 963 914 088.
Alberola Lencería
Pérez Pujol, 10.
Telf. 963 517 104.
Francis Montesinos
Conde Salvatierra, 25.
Telf. 963 940 612.
La moda me incomoda
Cordellats, 6.
Telf. 963 913 908.
Sombrerería Albero
Játiva, 21. Telf. 963 512 245.

Vinos y delicatessen
Charcutería Manglano
Mercado de Colón.
Telf. 963 522 071.
Choclatl
Cirilo Amorós, 1.
Telf. 963 515 270.
La Rosa de Jericó
Hernán Cortés, 12.
Telf. 963 524 545.
Las Añadas de España
Játiva, 3.
Telf. 963 533 845.

aficionados los valencianos. También existen zonas de juegos infantiles en la misma arena.

■ **Bioparc.** El nuevo parque zoológico de Valencia, situado en el parque de Cabecera, es una recreación de los hábitats africanos y los animales (leones, hienas, elefantes, avestruces, rinocerontes, gorilas, chimpancés...) viven y se organizan como lo harían en libertad. Las barreras son invisibles, pero la seguridad es completa. Para los niños hay actividades especiales, como fiestas de

cumpleaños que incluyen merienda y regalos. Los objetivos del parque son tres: concienciar, preservar y educar. A los niños les encantará este nuevo concepto de zoo, donde la experiencia con los animales y la naturaleza es muy próxima a la observación en su medio natural (avda. Pío Baroja, 3; telf. 902 250 340; www.bioparcvalencia.es).

■ **Jardines del Turia.** Los jardines que ocupan el antiguo cauce del Turia tienen varias zonas de juegos para los niños, al igual que los otros parques de la ciudad. Además, en el de Viveros los más pequeños pueden conducir un kart o saltar sobre los hinchables del parque de Tráfico, y los jardines están equipados con toda clase de instalaciones deportivas, incluidas pistas de monopatín y bicicross, y un parque que gusta mucho a los niños valencianos, Gulliver, un gigante al que los peques pueden encaramarse.

■ **Ciudad de las Artes y las Ciencias.** Las posibilidades son interminables: talleres y actividades en el Espai del Xiquets del Museo de las Ciencias Príncipe Felipe, la exhibición de los delfines y todos los seres marinos que pueblan el Oceanogràfic, los espectáculos audiovisuales del Hemisfèric... Además, se puede pasear en el tren turístico que recorre la Ciudad de las Artes y las Ciencias y los Jardines del Turia.

■ **Deportes.** Los cursos de vela (a partir de 7 años) que imparte el Real Club Náutico de Valencia (www.rcnauticovalencia.com) y las carreras en kart o minimoto en el Karting Navella (ctra. Pinedo-El Saler, km 9; telf. 961 830 125) son sólo una muestra del amplio catálogo de actividades deportivas que pueden practicar los niños en la ciudad.

■ **Talleres y teatro.** La ciudad ofrece un extenso programa de talleres lúdicos y participativos para que los niños conozcan la cultura valenciana. Además, hay una temporada específica de teatro infantil con escenarios por toda la ciudad. Para conocer los espectáculos y actividades que coincidan con las fechas de estancia, conviene informarse con antelación en los Tourist Info o en www.turisvalencia.es.

AGENDA

Enero
San Vicente Mártir: el día 22 los valencianos celebran el día de su patrón con una procesión y diversos actos festivos.

Marzo
Fallas: en realidad, las Fallas comienzan en febrero, con la Gran Despertá Fallera y las primeras *mascletás*. En marzo, todos los días retumban truenos y petardos hasta que la fiesta concluye en la medianoche del 19 de marzo, cuando arden todas las fallas en la *cremá*.

Abril
Semana Santa Marinera: las procesiones en el distrito marítimo de Valencia son diferentes, más coloristas –participan vecinos ataviados como personajes bíblicos y cofradías de granaderos, por ejemplo–, y alcanzan su apogeo durante la procesión del Silencio de Jueves Santo y la del Santo Entierro de Viernes Santo.
San Vicente Ferrer: el calendario marca el día 5 como festividad de San Vicente Ferrer, patrón de la Comunidad Valenciana, pero en Valencia la celebración es el fin de semana después de Pascua. Es tradición visitar la casa del santo, convertida en capilla, y que los niños escenifiquen los milagros.
Fira del Llibre de València: desde 1985 los jardines de Viveros acogen la Feria del Libro. La cita cultural arranca el Día del Libro (23 de abril) y se prolonga durante dos semanas, durante las cuales las librerías exponen su catálogo en las casetas, se presentan nuevos títulos y los autores firman ejemplares (www.firallibre.com).

Mayo
Virgen de los Desamparados: apenas son 200 metros los que tiene que recorrer sobre andas la Virgen de los Desamparados, patrona de la ciudad, desde la basílica hasta la catedral de Valencia, pero están llenos de fervor. El traslado es el segundo domingo de mayo por la mañana; la tarde se reserva para la procesión, que lleva a la Virgen por las calles del centro.

Junio
Cinema Jove: Valencia se convierte en el punto de encuentro de los jóvenes cineastas que acuden a este festival internacional. Los cortos y largos en competi-

ción se proyectan en varias salas y están acompañados de actividades paralelas (www.cinemajove.com).

Corpus Christi: en Valencia esta fiesta religiosa adquiere tonos lúdicos y coloristas. La procesión del Corpus se inicia a media tarde y participan gigantes y cabezudos, y las tradicionales rocas (carrozas que representan los misterios bíblicos).

Festival Internacional de Cometas: la playa de la Malvarrosa es el escenario cada año de un nutrido y espectacular festival de cometas (www.festicometavalencia.com).

Julio

Regatas: aunque la Copa del América 2010 se celebra en los Emiratos Árabes Unidos, en Valencia todavía se recuerda el impacto de la anterior edición, en 2007. Desde entonces, la vela se ha convertido en una de las principales actividades deportivas de la ciudad y las regatas se suceden, como el trofeo de Su Majestad la Reina, que se celebra este mes.

Campus Party: desde 2005, Valencia es la sede de Campus Party, la mayor reunión de aficionados a la informática y las nuevas tecnologías. Los ya conocidos como *campuseros* acuden a la cita dispuestos a pasar una semana pegados a sus ordenadores.

Feria de Julio: durante todo el mes, el paseo de la Alameda y los jardines de Viveros son el escenario de actuaciones y fuegos artificiales. También hay actos coloristas como la Batalla de las Flores, con cabalgata y guerra de claveles y rosas.

Octubre

Día de la Comunitat Valenciana: el día 9, Sant Dionís, la ciudad celebra la entrada del rey Jaime I y la aprobación del estatuto de autonomía de la Comunidad con numerosos actos, en los que no podía faltar un festival pirotécnico.

Noviembre

GP Motociclismo: ya es tradición que el Campeonato del Mundo de Motociclismo celebre la última carrera de la temporada en el Circuit de la Comunitat Valenciana Ricardo Tormo. La cita atrae a miles de aficionados (autovía A 3, salida 334; www.circuitvalencia.com).

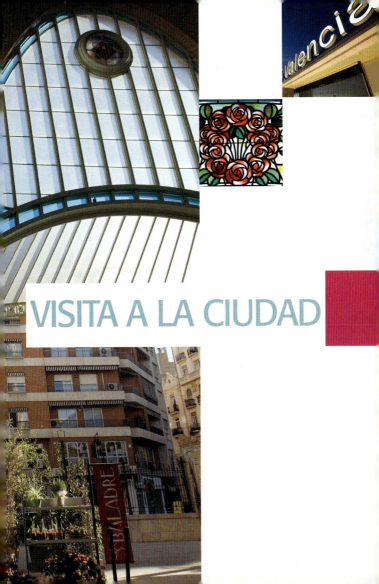
VISITA A LA CIUDAD

VISITA A VALENCIA

Inmersa en las tradiciones más arraigadas y a la vez en las vanguardias más transgresoras, Valencia es, ante todo, una urbe despierta y en continua transformación. La ciudad debe sus orígenes a los romanos. Los árabes la convirtieron en un núcleo importante gracias a la potenciación de la agricultura y a la introducción de productos tan comunes ahora como las naranjas, el

INTRODUCCIÓN ▶

VISITA A LA CIUDAD

arroz o la caña de azúcar. Fue conquistada por Rodrigo Díaz de Vivar, el Cid, en 1094 y reconquistada por Jaime I en 1238, y ha visto cómo su destino cambiaba una y otra vez de rumbo debido a las agitadas aguas del Turia. Hoy el río no asusta a nadie: junto a su cauce se extienden amplios jardines y en uno de sus extremos ha nacido la Ciudad de las Artes y las Ciencias, un proyecto transformador que ha otorgado a Valencia un papel preponderante dentro de la lista de las ciudades más modernas de España y Europa. Pero atentos: la ciudad sigue reinventándose.

VISITA

LA VALENCIA MONUMENTAL

Es justo considerar que la **plaza del Ayuntamiento** constituye el auténtico centro de la ciudad, y, por esta razón, la hemos escogido como punto de partida de nuestro itinerario. Es la plaza de mayores dimensiones de Valencia, y se accede a ella desde la acera enfrente de la Estación del Norte, por la calle Marqués de Sotelo. Aquí se planta la falla más importante durante las fiestas de marzo, y es la última es caer, pasto de las llamas. Está perfectamente comunicada y siempre muy animada. El edificio del **Ayuntamiento,** imponente, se halla rematado por un reloj que desde las ocho de la mañana hasta las doce de la noche hace sonar los cuartos. El balcón de la fachada sirve de tribuna presidencial en las *mascletàs,* y se observan además unos altorrelieves atribuidos a Mariano Benlliure, ilustre hijo de la ciudad. Las torres de los extremos están cubiertas de tejas de cerámica que proyectan reflejos dorados.

Pero este edificio no sólo está dedicado a tareas administrativas. En la planta superior se halla el **Museo Histórico Municipal** (telf. 963 525 478; horario: de lunes a viernes, de 9 h a 14 h), cuyos fondos recogen el pasado más

UNA DE LAS CÚPULAS
DEL AYUNTAMIENTO Y LA ESCALINATA INTERIOR.

glorioso de Valencia: la *senyera* (la bandera de la ciudad), la espada de Jaime I y el pendón de la Reconquista, el símbolo de la Valencia recuperada a los árabes, entre otras piezas históricas. El museo acoge además obras pictóricas (de Sorolla, entre otros), una tabla flamenca, códices medievales y valiosos mapas de la ciudad, el más antiguo, fechado en el siglo XVIII.

Uno de los edificios más llamativos de la plaza es el **Rialto**, erigido sobre el solar de un antiguo cine, con una fachada *art déco* en hierro y cristal, que hoy es sede de la Filmoteca de la Generalitat Valenciana.

■ EL MERCADO CENTRAL Y LA LONJA DE MERCADERES

Para llegar a nuestro siguiente destino basta con abandonar la plaza por la parte más estrecha, cruzar la concurridísima calle de San Vicente Mártir y seguir por la avenida de María Cristina. Hay que recorrerla de punta a punta (no es muy larga), dejando a la izquierda la plaza de la Merced y sus aledaños, salpicados de pequeñas tiendas de artículos de artesanía, hasta llegar a la plaza del Mercado. El **Mercado Central** es un hervidero de gente desde primeras horas de la mañana, aunque alcanza su punto álgido de animación a mediodía. Hortalizas, frutas y pescado dan aroma y sabor al que es, posiblemente, el mercado mo-

PLAZA DEL AYUNTAMIENTO, DURANTE LAS FALLAS, Y DETALLE DE LA CÚPULA DEL MERCADO CENTRAL.

dernista más bello de Europa y uno de los más grandes. Sus dimensiones (algo más de 8.000 m² de superficie, donde se distribuyen cerca de mil puestos) son directamente proporcionales a su valor arquitectónico: vidrieras de colores, hierro, ladrillo, piedra de Buñol, azulejos y mármol que otorgan al conjunto gran belleza y ligereza.

Desde el exterior es fácil atisbar la Cotorra del Mercat, una **veleta** que simboliza el bullicio reinante y sirve para coronar la espectacular **cúpula** central de 30 m de altura profusamente decorada con cerámicas (limones y naranjas, sobre todo). El mercado fue construido por los arquitectos Alejandro Soler y Francisco Guardia entre 1915 y 1928 donde antes se alzaba el Mercado Nuevo, en un solar perteneciente al convento de las Magdalenas. La función mercantil del espacio no es casual. Durante el dominio árabe, la actividad comercial de las callejuelas que lo circundan desembocaban precisamente aquí, en esta plaza donde lo mismo se organizaban fiestas que se ahorcaba a malhechores. Frente al mercado se alza el monumento gótico civil más importante de Valencia, la **Lonja de Mercaderes,** también llamada de la Seda, por ser este producto protagonista de las transacciones que aquí se realizaban. Fue construida en su mayor parte entre 1482 y 1498 por el maestro cantero Pere Compte, y declarada Patrimonio de la Humanidad por la Unesco en 1996. Merece la pena fijarse bien en la fachada, de estilo gótico-flamígero, con una portada abocinada cuyo tímpano está presidido por la imagen de la Virgen con Niño. Especial atención merecen las figuras de las arquivoltas, realizadas con la técnica del trépano: brujas, monstruos y algún que otro sátiro en actitud nada decorosa dan la bienvenida.

Nada más cruzar la puerta, la **sala de contratación** nos hace retroceder a un tiempo en el que se realizaban subastas y se cerraban tratos comerciales y toda suerte de negocios desde robustas mesas de madera que ocupaban antiguamente su espacio, bajo un bosque de

columnas helicoidales que sostienen el edificio, rematado por una bóveda ojival de 17,40 m de altura. Ocho de las columnas se abren en palma al llegar a la bóveda, mientras que el resto, 16 en total, sirven de contrafuertes. Parece realmente un bosque, rematado por una inscripción que aconseja a sus moradores "ser honestos".

El salón columnario deja paso, a la izquierda, a un jardincillo, conocido como el patio de los Naranjos, cercado por un muro con almenas desde donde se aprecian unas fantasmagóricas gárgolas. Al fondo, una escalera gótica conduce al salón del **Consulado de Mar** (en sus tiempos Tribunal Mercantil), que se ocupaba del comercio marítimo.

El **torreón** cuadrado que une la Lonja y el Consolat de Mar se divide en dos plantas, unidas por una escalera de caracol, magnífica por el delicado y experto trabajo de los canteros medievales. El piso superior servía para

MERCADO CENTRAL.

retener a los comerciantes que no podían pagar sus deudas; el inferior, para rezar: es una capilla. Aquí se han casado reyes, se han celebrado fiestas de todo tipo y condición y hasta se han engrasado armas, cuando fue cuartel militar en el siglo XVIII. En la actualidad, el edificio alberga también exposiciones temporales.

La plaza del Mercado cuenta aún con otro monumento, la **iglesia de los Santos Juanes**, construida sobre los restos de una mezquita a mediados del siglo XIII. Un incendio acaecido en 1552 obligó a una profunda reestructuración del edificio, al que fueron añadidos los detalles barrocos que hoy llaman la atención con más fuerza. La fachada principal, frente a la Lonja, posee una torre en la que se sitúa una escultura en piedra de la Virgen del Rosario rodeada de ángeles, obra de Bertessi. A su lado, dos grandes **estatuas** que representan a dos valencianos universales, San Francisco de Borja y San Luis Beltrán. En el interior, son destacables los **frescos** que realizó Antonio Palomino sobre el Apocalipsis de San Juan. Pero ni su belleza exterior ni el valor de sus pinturas son los únicos alicientes del templo. En el exterior, los turistas suelen buscar la tribuna que fue escenario de ejecuciones durante la tenebrosa etapa de la Santa Inquisición.

SALÓN COLUMNARIO, EN LA LONJA DE MERCADERES.

EL MURCIÉLAGO

A muchos visitantes intriga el negro murciélago que aletea sobre la corona real del escudo de Valencia. La presencia del *rat penat* ("murciélago", en valenciano) ha dado pie a muchas leyendas, la mayoría relacionadas con el asedio a que el rey Jaime I sometió la ciudad. Así, se cuenta que una noche el ruido que hacía un murciélago puso en alerta a las tropas cristianas, que con la vigilia evitaron un ataque sorpresa de los musulmanes. Sin embargo, Jaime I conquistó Valencia en 1238, y el mamífero volador no aparece en el escudo hasta el siglo XVI. Por este motivo, muchos historiadores consideran que se trata de la interpretación de un dragón alado, la divisa personal del rey Pedro IV de Aragón (y II de Valencia), quien la utilizaba por su similitud fonética ("dragón" suena como "d'Aragón").

■ DE LA PLAZA DEL MERCADO A LA PLAZA DE LA VIRGEN

Abandonamos la plaza del Mercado por la calle de la Bolsería hasta la plaza del Tossal, para continuar, a mano derecha, por la calle Cavallers, en la que es posible apreciar algún que otro palacio gótico particular, herencia del pasado burgués de Valencia (en el número 9, **palacio de Fuente Hermosa**; en el número 22, **palacio de Malferit**). Hoy es la arteria principal del **barrio del Carmen**, sobre todo al caer la noche, cuando sus bares se llenan de noctámbulos. Hay que tener cuidado para no pasar de largo ante la puerta de acceso a la **iglesia de San Nicolás** que asoma a esta calle, puesto que se trata de una entrada secundaria. La principal se encuentra en la plaza de San Nicolás. Data del siglo XIV y bajo su armazón gótico encierra detalles barrocos, ya que fue reformada durante el siglo XVIII. Su interior es toda una pinacoteca. A los **frescos** de las bóvedas, pintados por Dionisio Vidal, hay que añadir valiosas muestras de **orfebrería** y **azulejos,** así como obras de Juan de Juanes, Rodrigo de Osona, Vicente López y otros artistas valencianos.

Saliendo por la puerta de atrás del templo de San Nicolás, justo enfrente, a la izquierda de la calle Cavallers, bajando por Landerer, se encuentra el **Portal de la Valldigna,** única puerta que se conserva de la **muralla** medieval y que fue abierta por los cristianos en 1440 como acceso a la morería. Las murallas de Valencia fueron derribadas en 1865.

Proseguimos por la calle Cavallers hasta alcanzar la **plaza de Manises,** presidida por el **Palau de la Generalitat,** sede de la presidencia del Gobierno de la Comunidad Valenciana. El palacio es un claro ejemplo del gótico civil. Comenzó a construirse en el siglo xv con el fin de albergar a la comisión permanente de las Cortes del Reino, pero no fue terminado hasta prácticamente nuestros días. El edificio consta de un cuerpo central y un torreón antiguo que va a dar justo a la plaza de la Virgen. Declarado Monumento Nacional, uno de los elementos que enbellecen el interior es el **patio** gótico, con un grupo escultórico obra de Benlliure, además de magníficos artesonados, como los del salón Dorado.

En la misma plaza de Manises también tiene su sede la Diputación Provincial, cuyas dependencias ocupan el **palacio de Batlia** y el **palacio del Marqués de Scala Santa Catalina,** dos edificios gótico-renacentistas con espléndidos patios, artesonados y ventanas.

La **plaza de la Virgen,** también llamada de la Mare de Déu, es centro de todo tipo de actividades. Sus palomas acompañan a manifestantes, chavales en monopatín, turistas, vecinos... Es la plaza más concurrida y la elegida para celebrar multitud de actos. Es aquí, frente a la Real Basílica, donde se realiza la ofrenda floral a la Virgen durante las fiestas de San José, cuando la plaza se convierte por obra y gracias de los devotos en un jardín rebosante de color. La plaza posee pavimento de mármol y

FUENTE DE LA PLAZA DE LA VIRGEN.

en él se puede leer una **inscripción** que recuerda que Valencia fue fundada por los romanos el año 138 a.C. La gran **fuente** central, a la que no le faltan detractores, es un particular homenaje de la ciudad de Valencia al río Turia y a sus acequias, representados por un gigante con un cuerno de la abundancia en las manos y rodeado por ocho valencianas con cántaros que manan agua.

Auténtica devoción es la que sienten los valencianos por su patrona, lo que convierte la Real Basílica, en la misma plaza de la Virgen, en uno de los principales lugares de culto de la ciudad. La Real Basílica, o **basílica de Nuestra Señora de los Desamparados,** guarda la imagen de la Virgen, de estilo gótico y con el sobrenombre de "la cheposilla", ya que tiene la cabeza ligeramente inclinada hacia delante. En fallas, tras la ofrenda floral, un grupo de hábiles montañeros fabrican su manto con los ramilletes traídos por los valencianos, colocándolos sobre una urdimbre de madera de 14 m de altura. La basílica de Nuestra Señora de los Desamparados fue construida en el siglo XVII sobre restos romanos, visigodos e incluso sobre vestigios de una mezquita árabe. Llama la atención su **cúpula** de planta oval, pintada al fresco por Antonio Palomino, y el camarín que se esconde tras el altar mayor, que no es otra cosa que un oratorio barroco. Ya en el exterior, un **arco** renacentista (por el que sólo transita la curia episcopal) une la basílica con la catedral.

FESTEJOS EN LA PLAZA DE LA VIRGEN.

VISITA A LA CIUDAD

Algunos detalles del interior y el exterior de la catedral.

■ LA CATEDRAL Y EL MICALET

En la plaza de la Virgen podemos ver ya una de las puertas de acceso a la **catedral,** concretamente la puerta de los Apóstoles, además del famoso Miguelete (Micalet). Pero conviene hacer las cosas bien y bajar por la callecita del Micalet, que desemboca en la plaza de la Reina, donde se encuentra la puerta principal de la catedral.

Está situada justo en el solar donde se levantó el primer templo de la ciudad, construido por los romanos y dedicado a la diosa Diana. Su construcción duró 150 años (desde 1262 hasta 1426), pero no se puede decir que el trabajo se diera por finalizado, ya que se vio afectada por numerosas ampliaciones y reformas posteriores. De ahí la interesante superposición de estilos a partir del gótico primitivo. Así, la puerta principal, llamada **puerta de los Hierros,** es barroca. Data del siglo XVIII y fue diseñada por el alemán Konrad Rudolf, seguidor de la estética de Bernini, en formas cóncavas y convexas que proporcionan sensación de movimiento. En la fachada destacan el frontón y el grupo de ángeles adorando el nombre de María, justo encima del arco de entrada.

La catedral cuenta con otras dos puertas más. A la plaza de la Almoina, a la derecha, mira la **puerta del Palau,** la más antigua de las tres, de estilo románico con pespuntes mudéjares y seis arquivoltas adornadas con ángeles y motivos vegetales. En la **plaza de la Almoina** se pueden ver también, bajo una lámina de cristal cubierta de agua, restos arqueológicos de la época fundacional de la ciudad, entre ellos las **termas romanas.** El proyecto se completará con un museo y un pasaje subterráneo que lo conectará con la capilla de la cárcel de Sant Vicent.

A la plaza de la Virgen, a la izquierda, da la **puerta de los Apóstoles** de la catedral, gótica, atribuida al artista Nicolás de Autun. En ella, los arcos ojivales se sostienen por pilares donde se cobijan las figuras de los Apóstoles. Sobre ellos, un gigantesco **rosetón** con la estrella de David, en seis puntas. Esta puerta, a pesar de no ser la principal, es la más popular, ya que cada jueves acoge una tradición que se viene celebrando en Valencia desde hace más de mil años: el **Tribunal de las Aguas.**

Adentrémonos ahora en la catedral. Acce-

DETALLE DE LA PUERTA DE LOS APÓSTOLES.

diendo por la puerta de los Hierros, a mano derecha, nos encontramos con la **capilla de San Pedro,** decorada con pinturas de Palomino, y a su lado la **capilla del Santo Cáliz,** el lugar donde se guarda con devoción el auténtico, dicen, **Santo Grial** empleado por Jesucristo durante la Última Cena. Se trata de un vaso de ágata de influencia oriental. Una joya dentro de otra joya: la capilla es gótica, con una bóveda de crucería nervada y un frontón en piedra de alabastro dignos de ser admirados.

Continuamos la visita para fijar la vista ahora en el **cimborrio,** obra maestra del gótico mediterráneo, asentado sobre el crucero, de planta octogonal y 16 ventanas que iluminan el interior del templo y, sobre todo, el presbiterio barroco, el púlpito gótico y el altar mayor, donde destacan las tablas pintadas por Yáñez de Almedia y Hernando de Llanos en el siglo XVI, referidas a la vida de la Virgen. El tesoro pictórico de la catedral se completa con dos lienzos de Goya situados en la **capilla de San Francisco de Borja.**

Desde la capilla del Santo Cáliz es posible acceder al museo de la catedral, donde se guardan obras de Juan de Juanes, Vicente Masip, Orrente... además de la Gran Custodia Procesional.

La torre del **Micalet** (en castellano, Miguelete) es el símbolo que más se identifica con Valencia dentro y fuera de España, al menos hasta la inauguración de la Ciudad de las Artes y las Ciencias. El campanario gótico de la catedral, ubicado junto a la puerta de los Hierros, es de planta octogonal y se eleva 50,80 m, medida que coincide con su perímetro. Debe su nombre a una de sus doce campanas, la que marca las horas, la mayor, que fue bendecida, allá por 1418, un 29 de septiembre, festividad de San Miguel, si bien la que ahora se conserva es algo más moderna (1532). Aquí no hay ascensores que valgan. Quien quiera subir hasta arriba para contemplar la ciudad a vista de pájaro, tiene que afrontar a pie los 207 peldaños de su

A LA DERECHA, EL MIGUELETE, EN LA PLAZA DE LA REINA, Y ESCALERA DE ACCESO.

EL TRIBUNAL DE LAS AGUAS

Suenan las doce y cientos de curiosos se arremolinan en torno a la puerta de los Apóstoles: "Denunciats de la sèquia de...". Habla el alguacil, y ocho hombres vestidos con el tradicional blusón negro huertano escuchan atentamente...

Todos los jueves la catedral es testigo de los pleitos orales que tienen lugar durante las sesiones del Tribunal de las Aguas, órgano jurisdiccional (el más antiguo de Europa) que vela por su correcto reparto. Desde hace más de mil años se sigue a pies juntillas esta tradición. Los juicios comienzan a mediodía, momento en que ocho labradores, representantes de las ocho acequias valencianas, toman asiento mientras un alguacil pasa lista para saber si hay alguna queja sobre el uso inadecuado de las aguas que riegan la huerta. Si las hay, el denunciado también tiene que hacer acto de presencia. Normalmente, las denuncias tienen que ver con pequeños hurtos de agua, rotura de canales o falta de limpieza en las acequias. El litigio se resuelve siempre mediante juicio oral (nunca se firma nada). En caso de que no haya quejas, se levanta la sesión. Al finalizar los juicios, los representantes se marchan todos juntos a la Casa-Vestuario, justo enfrente de la puerta de los Apóstoles, para tratar asuntos comunes.

angosta escalera de caracol. En esta ocasión, el esfuerzo sí merece la pena, la **panorámica** es impresionante: Valencia a nuestros pies.

■ **IGLESIAS, PALACIOS Y MUSEOS**

Recuperamos el aliento y el pulso tras subir a lo más alto del Miguelete. Volvemos sobre nuestros pasos por la callecita del Micalet, hasta desembocar de nuevo en la plaza de la Virgen y aquí coger la calle Navellos. A la mitad, en el cruce con Franciscanos, hay que girar a la derecha. Enseguida veremos el **palacio de Benicarló**, también llamado de los Borja. El edificio, gótico con elementos renacentistas, data del siglo XV y fue residencia de los duques de Gandía. En el siglo XIX pasó a ser fábrica de hilaturas y hoy alberga la sede de las Cortes Valencianas.

Para llegar hasta el antiguo **Almudín** hay que situarse en la acera frente del palacio de Benicarló y bajar por la calle de Salvador, que queda a mano derecha, en dirección a la plaza Décimo Junio Bruto, amplia y despejada. En la calle del Almudín (o en la citada plaza) se encuentra el edificio del mismo nombre, construido en el siglo XIII y remodelado en el XVI, que sirvió de almacén de grano a la ciudad. En la actualidad se utiliza como sala de exposiciones temporales.

En la plaza de San Esteban, a sólo unos pasos del Almudín y a espaldas del **palacio de los Escrivá**, de estilo gótico, se encuentra el templo barroco dedicado a San Esteban, una de las primeras construcciones religiosas acometidas tras la expulsión de los árabes y la conquista de la ciudad por Jaime I. La **iglesia de San Esteban** goza de un gran fervor popular, ya que guarda la **pila bautismal de San Vicente Ferrer**, patrón de la Comunidad Valenciana. Aún en nuestros días muchas personas eligen este lugar para bautizar a sus hijos, ya que la tradición dice que quien aquí recibe las aguas eludirá la muerte en accidente.

Desde la plaza de San Esteban podemos acceder por una callecita a la plaza de Nápoles y Sicilia, que tiene uno de sus límites en la calle Palau, donde enseguida se ve la plaza del Arzobispo, en la que se ubica el **palacio de los Condes de Berbedel**, antes del Marqués de Campo. El edificio acoge el **Museo de la Ciudad** (tel. 963 525 478; horario: de martes a sábado, de 10 h a 14 h y de 16.30 h a 20.30 h; domingo y festivos, de 10 h a 15 h) y soporta casi dos siglos de historia sobre sus cimientos. Cuenta

entre sus fondos con una colección de pintura de artistas valencianos que recoge cinco siglos, desde el XV, además de otras de variados temas, como numismática, escultura, grabados... Este museo de titularidad municipal acoge también exposiciones temporales.

En el mismo Museo de la Ciudad se pueden adquirir los tiques para acceder a la **Cripta Arqueológica de la Cárcel de San Vicente**, justo al lado, una antigua capilla funeraria visigoda con planta de cruz. A excepción de los lunes, que permanece cerrada, se proyecta cada día un audiovisual de una media hora de duración en el que las piedras son las encargadas de narrar la historia de la ciudad y el edificio.

En la misma calle Palau, o mejor dicho, en un sinuoso callejón contiguo, casi escondido, encontraremos uno de los pocos restos arquitectónicos de época musulmana que quedan en la capital del Turia. Se trata del **Museo Baños Árabes del Almirante**, una joya desconocida para la mayoría que se puede visitar (Baños del Almirante, 3; tel. 605 275 784; horario: martes a sábado, de 10 h a 14 h y de 16 h a 20 h; domingo, sólo mañanas; visitas guiadas cada media hora). Este *hamman*, construido en el

CRIPTA ARQUEOLÓGICA DE LA CÁRCEL DE SAN VICENTE.

siglo XIII, antes de la entrada de Jaime I en la ciudad, es el único que sobrevive de los muchos con que contaba la Valencia musulmana. Están formados por una sala central cuadrada y varias estancias adyacentes con arcos de herradura y bóvedas con lucernas estrelladas, con agua caliente, tibia y fría, como era costumbre.

Un extremo de la calle Palau, justo al lado de la plaza de Nápoles y Sicilia, conecta con la calle Trinquete de los Caballeros. Hay que bajarla en dirección a la plaza de San Vicente Ferrer para encontrarnos con la **iglesia de San Juan del Hospital,** de estilo gótico, construida en el siglo XIV por la Orden de los Caballeros de Malta, que recibió los solares donde se ubica de manos de Jaime I como agradecimiento a la ayuda prestada durante la conquista de Valencia. Restaurada en la década de los ochenta, merece la pena visitarla por su ábside poligonal y la capilla de Santa Bárbara, con un bello retablo barroco y un sepulcro donde se supone que descansa una emperatriz bizantina.

En la acera de enfrente, en la misma calle Trinquete de los Caballeros, se encuentran prácticamente seguidos otros dos templos de interés, la **iglesia del Milagro** y la **iglesia de Santo**

MUSEO NACIONAL DE CERÁMICA, DETALLE DE LA FACHADA.

Tomás, construida en 1837 y declarada Monumento Histórico Nacional en 1982.

Desde aquí, debemos atravesar las calles de la Mar y de la Paz para llegar al palacio del Marqués de Dos Aguas, la sede del **Museo Nacional de Cerámica y Artes Suntuarias González Martí** (Rinconada Federico García Sanchiz, 6; tel. 963 516 392; horario: martes a sábado, de 10 h a 14 h y de 16 h a 20 h; domingo, sólo mañanas). Es frecuente que los turistas se arremolinen en torno a su **fachada** de estilo barroco realizada por Ignacio Vergara en alabastro, traído de las canteras de Picassent. Ignacio fue el artista

BOTIJOS E HILATURAS

El nombre no es muy original, pero sí su estructura. La plaza Redonda, circular, cerrada y semicubierta por una marquesina de madera, es uno de los monumentos más curiosos de Valencia, y una cápsula en la que el tiempo parece haberse detenido. No sólo porque aún conserva gran parte de sus elementos originales de mediados del XIX, sino porque las tiendas que se cobijan en los bajos son también de otra época: bordados, encajes, hilaturas, puntillas, ropa de bebé, lencería, cerámica de Manises, botijos, forja y vidrio soplado son algunos de los artículos que aquí se pueden encontrar y que atraen a los visitantes ávidos de artesanía.

más importante de la familia Vergara, formada por relevantes pintores y escultores valencianos. Los **atlantes** situados a cada lado de la puerta recuerdan, por su asombrosa fuerza, a los cuerpos desnudos que realizó Miguel Ángel. Son figuras que representan el título nobiliario de Dos Aguas, en torno a las cuales se aprecian motivos vegetales y animales. Una hornacina con la Virgen del Rosario, sirenas, flores y frutos completan esta espectacular portada del edificio, declarado Monument Histórico-Artístico Nacional.

Su interior está en consonancia con el exterior. Nada más entrar nos recibe el patio de la Fuente, con figuras alegóricas en los balcones que hacen alusión a las Artes, la Agricultura, el Comercio, las Ciencias y las Letras, las Armas y la Navegación. El palacio fue residencia de la familia Rabassa de Perelló en sus orígenes, pero en 1695 pasó al marquesado de Dos Aguas. En 1934 quedó inaugurado el museo. La planta baja hace honor a su pasado. Fue, en sus tiempos, el **patio de carruajes** y para recordarlo ahí están estas tres joyas: la carroza de las Ninfas, la del Marqués de Llanera y una silla de mano del siglo XVIII.

En las siguientes dependencias es posible revivir el ambiente palaciego más puro a través de la sala de la Lumbrera, el comedor, el salón Chino (con muebles lacados en negro con pinturas orientales), el *fumoir* (salón de Juegos), el tocador de lujo, la salita de porcelana... En la tercera planta, las colecciones de azulejos de los siglos XVIII y XIX, y de cerámica (de Manises, Talavera, Sevilla...) comparten espacio con una recreación perfecta de la típica cocina valenciana.

■ LA PLAZA REDONDA

Regresamos a la calle de la Paz y continuamos en dirección a la plaza de la Reina. A su altura, giramos en la calle de San Vicente Mártir y luego a la derecha por Pescadería, hasta toparnos con la singular **plaza Redonda**, un curioso espacio único en España.

Como su nombre indica, es circular, y está presidida por una fuente de cuatro caños en torno a la cual se suceden puestos comerciales antiquísimos, adornados con azulejos, donde se venden hilaturas, bordados y encajes. Un rincón entrañable como salido de otro siglo, proyectado por Salvador Escrig y construido entre 1839 y 1856. La plaza también es conocida como El Clot (el hoyo), de ahí el nombre de algunas tiendas y bares que la circundan. Justo al lado se abre la plaza de Lope de Vega, donde se sitúa la **iglesia de Santa Catalina,** en la que destaca su esbelta torre-campanario. A sus pies, algunas de las **horchaterías** con más sabor de Valencia, el lugar ideal para tomarnos un descanso y finalizar nuestro recorrido por la Valencia monumental.

La Valencia cultural

Valencia es uno de los principales núcleos urbanos de España y eso se nota, sobre todo, por la facilidad de acceso a ella, ya sea por tierra, mar o aire. La **Estación del Norte** nos va a servir como punto de arranque de esta ruta cultural, que nos llevará por algunos de los museos más interesantes de la ciudad. La estación está situada en pleno corazón de la capital de la Comunidad Valenciana, en la calle Xàtiva, a sólo unos pasos del Ayuntamiento. Un simple vistazo a su fisonomía ayuda a recordar todos los tópicos valencianos de un solo golpe: naranjas, flores de azahar, campos de labranza, la Albufera, el Micalet... son motivos que luce con orgullo la fachada de este espectacular edificio modernista, levantado entre 1906 y 1917 por Demetrio Ribes y con-

HORCHATERÍAS

Con permiso de la paella, lo más genuino de Valencia es la horchata. De hecho, sólo en su huerta se cultiva la chufa (concretamente, en 16 pueblos de L'Horta Nord), un tubérculo que ya era apreciado por los egipcios y cuyo arraigo en Valencia se remonta a la ocupación musulmana.
Dicen los entendidos que para horchaterías, las de Alboraia, que es donde está el **Museo de la Horchata y la Chufa,** casi tan interesante como el edificio que lo alberga: la alquería El Machistre (partida de Masmardá, 51; telf. 655 570 761; www.elmachistre.es).
Si no hay tiempo de ir a Alboraia (a las míticas horchaterías **Panach** y **Daniel,** por ejemplo, ambas en la avenida de la Horchata), en Valencia también hay horchaterías de renombre en las que tomarse un vaso y mojar unos *fartons*.
Y, si no, también están los carritos de Món Orxata recorriendo las calles de la ciudad, un negocio que recupera la tradición de la venta ambulante y promociona este producto con denominación de origen (www.chufadevalencia.org). Sea como fuere, no hay que dejar de probar la horchata si se visita Valencia.

siderado uno de los más bellos ejemplos de arquitectura ferroviaria de todo el país. Recomendamos visitar el vestíbulo, por su amplitud y por ese siempre agradable sabor a tradición.

■ LA PLAZA DE TOROS Y EL MUSEO TAURINO

No hace falta desplazarse ni un centímetro para contemplar la **plaza de toros** de Valencia, separada de la estación por la calle de Alicante. Es una de las más grandes de España, construida por Sebastián Monleón entre 1850 y 1860 en estilo neoclásico, a imagen y semejanza del Coliseo romano, según unos, y del anfiteatro de Nimes, según otros. Desde fuera es posible contemplar sus cuatro plantas, que se corresponden en el interior con otras tantas galerías sobre las que se disponen un total de 384 arcos simétricos

Bonestar
Bilbao, 18. Telf. 963 658 644.

El Collado
Ercilla, 13. Telf. 963 916 277.

El Siglo
Pl. Santa Catalina, 11.
Telf. 963 918 466.

Els Sariers
Sarcet, 6. Telf. 963 693 879.

Món Orxata
Mercado de Colón.
Telf. 961 861 561.

Santa Catalina
Pl. Santa Catalina, 6.
Telf. 963 912 379.

de ladrillo. Un dato: el coso cuenta con capacidad para unos 17.000 espectadores, y en los días de fallas o durante la Feria de San Jaime (en julio) consigue aforo completo, por no hablar de los numerosos conciertos que aquí se celebran. Los amantes de la tauromaquia pueden visitarla y acercarse después al **Museo Taurino** (muy cerca, en el pasaje del Doctor Serra, 10), el primero en el mundo constituido como tal, con todo tipo de recuerdos y grabados desde el siglo XVIII hasta nuestros días, además de biblioteca (www.museotaurinovalencia.es; tel. 963 883 737; horario: de martes a domingo, de 10 h a 20 h).

■ EL MUVIM

Para llegar a nuestro siguiente alto en el camino, un curioso museo, hay que seguir la calle Xàtiva hasta su confluencia con Guillem de Castro, y continuar hasta que se abre en una plaza, donde se alza el modernísimo edificio blanco que alberga el **MUVIM,** o lo que es lo mismo, el **Museo Valenciano de la Ilustración y la Modernidad.** El edificio es una apuesta cien por cien vanguardista, obra de Guillermo Vázquez Consuegra, quien ha empleado el hierro y el cristal como principales elementos constructivos. En el interior, una exposición permanente, titulada "La aventura del pensamiento", muestra a los visitantes la evolución de la sociedad europea durante los últimos cinco siglos (cambios políticos, conquista de derechos y libertades, nacimiento de ciudades...). Y todo, a través de audiovisuales en los que se utiliza la más moderna tecnología. Interesante y atrevida propuesta para la cual se hace imprescindible pedir cita previa (www.muvim.es; tel. 963 883 730; horario: martes a sábado, de 10 h

a 14 h y de 16 h a 20 h; domingo, sólo mañanas; sólo visita guiada, de una hora de duración cada treinta minutos). El museo cuenta además con salas para exposiciones temporales, biblioteca y centro de documentación.

Prácticamente al lado del MUVIM nos encontramos con el caserón del **Museo del Colegio Arte Mayor de la Seda,** (tel. 963 511 951; cerrado temporalmente por obras) sede del gremio de los sederos en el siglo XV y centro cultural en nuestros días. La escalera gótica de caracol es espléndida, al igual que los azulejos del siglo XVIII que adornan el salón de actos. También cuenta con una capilla interesante. Incluye un pequeño museo con telares y tejidos clásicos y barrocos.

■ HACIA EL JARDÍN BOTÁNICO

Volvemos a la calle Guillem de Castro y continuamos por ella, dejando a la derecha la **ermita de Santa Lucía** y la **iglesia del Pilar,** hasta llegar a las **Torres de Quart.** Su origen se remonta al siglo XV y fueron, durante mucho tiempo, uno de los principales accesos a la ciudad, sobre todo para las gentes que provenían de las comarcas que atravesaba el denominado Camino de Castilla. Al estar integradas, en sus tiempos, en la muralla medieval, su pasado es tanto defensivo (desde aquí se frenó el avance al mismísimo Napoleón

A LA IZQUIERDA, MUSEO VALENCIANO DE LA ILUSTRACIÓN Y LA MODERNIDAD. ARRIBA, TORRES DE QUART.

durante la Guerra de la Independencia, de ahí los destrozos que aún se aprecian) como administrativo, ya que sirvió de prisión militar y almacén de pólvora. Los torreones, obra de Pere Compte y Pere Bofill, son idénticos, en forma de cilindro y construidos con sólida mampostería.

Antes de proseguir el camino sugerido a continuación, recomendamos a los amantes de las plantas continuar por la calle Quart alejándose del casco histórico, para visitar el **Jardín Botánico,** (www.jardibotanic.org; Quart, 80; tel. 963 156 800; horario: todos los días, de 10 h a 18 h en invierno y de 10 h a 21 h en verano; servicio de audioguías) que se encuentra en las inmediaciones de las torres y está considerado uno de los mejores de Europa. Es un centro con gran actividad didáctica y cultural, además de la labor botánica que realiza). Fue creado en 1802 por el botánico Antonio José Cavanilles.

■ CAMINO DEL IVAM

Bajando por la calle de Guillem de Castro hasta su confluencia con la calle Corona nos encontramos con la antigua casa de la Beneficencia. Construida a finales del siglo XIX para atender a los refugiados, fue remodelada en su totalidad para formar el **Centro Cultural La Beneficencia,** en donde la historia local es la auténtica protagonista (Corona, 36; tel. 963 883 565; horario: de martes a domingo, de 10 h a 21 h, hasta 20 h en invierno). Así, en el interior observamos reliquias de todo tipo, repartidas entre el **Museo de Prehistoria de Valencia** (www.museuprehistoriavalencia.es), con hallazgos arqueológicos en yacimientos de la provincia desde el Paleolítico hasta la época romana, y el **Museo Valenciano de Etnología** (www.museuvalenciaetnologia.es), donde se plasman los cambios sufridos en la forma de vida de la sociedad rural. Ambos museos acogen también exposiciones temporales, conciertos, conferencias, exposiciones y numerosos actos culturales.

DETALLE DEL ARTESONADO, CENTRO CULTURAL LA BENEFICENCIA. A LA DERECHA, EL JARDÍN BOTÁNICO.

■ EL IVAM

Y pasamos del arte al arte, ya que llegamos a uno de los centros de referencia del arte moderno. El **Instituto Valenciano de Arte Moderno** (IVAM) inició su andadura hace dos décadas y se ha convertido en una de las principales referencias vanguardistas de Europa (www.ivam.es; tel. 963 863 000; horario: de martes a domingo, de 10 h a 20 h). En estos momentos se haya inmerso en un interesante y prometedor proyecto de ampliación que lo volverá a catapultar al primer puesto, al menos arquitectónicamente hablando, de esa competición que parece tener lugar entre los edificios de Valencia por ver cuál consigue ser el más espectacular.

La renovación de las instalaciones está al cargo del estudio japonés SANAA, que realizará una intervención ingeniosa e innovadora, acorde con las tendencias actuales en cuanto a ecología y materiales, basada en un recubrimiento (una *piel* de acero) que ampliará el espacio existente sin afectar a su estructura, y creará nuevos espacios, entre otros, una espectacular terraza protegida.

INSTITUTO VALENCIANO DE ARTE MODERNO

Al margen de la ampliación, el IVAM siempre merece una visita. En él se exhiben desde obras de artistas valencianos del siglo XX considerados precursores del **arte moderno** (Sorolla...), hasta otras más actuales, correspondientes a las principales corrientes artísticas internacionales.

Paul Klee, Chillida, Tàpies, Kirkeby, el Equipo Crónica... comparten espacio con otros artistas, españoles y extranjeros, que concentran las exposiciones temporales del IVAM.

Pero, sin duda, la colección principal es la del catalán **Julio González** (Barcelona, 1876), que da nombre al centro. Está formada por unas 360 piezas, entre esculturas, pinturas y trabajos de orfebrería, que reflejan la perfecta síntesis entre cubismo, surrealismo y constructivismo que caracterizó a este artista. Ésta es la muestra más importante y completa sobre Julio González que se puede ver en el mundo, a pesar de que hay otras colecciones de valor en el Musèe National d'Art Moderne de París, el Museo Nacional Centro de Arte Reina Sofía de Madrid o el MOMA de Nueva York. La obra de Julio González, principalmente la escultura, es deudora del trabajo de sus amigos Gargallo y Picasso. El museo acoge también una excepcional colección de fotografía.

Salimos del IVAM y continuamos por la calle Na Jordana hasta su cruce con Salvador Giner. Estamos en pleno barrio del Carmen, uno de los más animados cuando llega la medianoche. Pues bien, justo ahí, en ese cruce, se encuentra el **Centro del Carmen,** antiguo convento del siglo XVII, encargado de servir de anexo al IVAM durante años y dependiente del Museo de Bellas Artes. Posee una capilla gótica y dos maravillosos claustros (uno gótico y otro renacentista). Actualmente es sede del **Museo del Siglo XIX** (Museo, 2; tel. 963 693 088; horario: de martes a domingo, de 10 h a 20 h) y tiene abiertas al público las salas de las exposiciones temporales; en el futuro contará con las obras de los grandes pintores valencianos (Sorolla, Benlliure...) procedentes de los fondos del Museo de Bellas Artes.

■ **LA PLAZA DEL CARMEN**

Justo al lado del museo se abre la **plaza del Carmen,** que da nombre a este barrio de bohemios y artistas. El ángel de bronce que remata el campanario de la **iglesia del Carmen,** en la misma

plaza, es todo un símbolo en la zona. Lo más destacable del templo es su fachada barroca, con columnas jónicas, corintias y salomónicas y una imagen de la Virgen del Carmen en el centro. En la misma plaza destacan también el **palacio de Pineda** y una estatua dedicada a Juan de Juanes.

■ LA CASA-MUSEO BENLLIURE

Hay que dar la vuelta a la manzana para situarnos frente al antiguo cauce del río Turia y seguir la calle Blanquerías. En el número 23 se encuentra la casa-estudio del pintor valenciano José Benlliure (1855-1937), hoy convertida en **Casa-Museo Benlliure** (Blanquerías, 23; tel. 963 911 662; horario: de martes a sábado, de 10 h a 14 h y de 16.30 h a 20.30 h, domingo y festivos de 10 h a 15 h). La peculiaridad de este edificio es que representa un magnífico ejemplo de vivienda burguesa del siglo XIX, con todas sus estancias conservadas tal cual fueron habitadas. El **jardín**, de tipo mediterráneo, se ha mantenido hasta la actualidad y rezuma el romanticismo de la época en que se creó. José era el hermano mayor de Mariano (1862-1947), uno de los escultores más importantes de su época, que se ganó al gran público gracias a su peculiar estilo, que podríamos definir como realismo anecdótico. Hay numerosas esculturas suyas diseminadas por toda Valencia y también en el resto de España (monumento a Alfonso XII en el parque del Retiro de Madrid, Mausoleo de Joselito en Sevilla...). En el interior de esta casa se pueden contemplar unas 50 obras firmadas por el mayor de la saga, José (especialista en escenas de género y cuadros religiosos), su hijo Peppino y su hermano Mariano. También algunas de Sorolla, Segrelles y Muñoz Degrain, entre otros artistas.

■ LAS TORRES DE LOS SERRANOS

Continuamos por la misma calle Blanquerías y llegamos a las **Torres de Serranos.** Nos encontramos ante la puerta urbana más importante del gótico europeo. Las torres fueron levantadas en el siglo XIV por Pere Beleguer y sirvieron de acceso a quienes provenían de la zona montañosa del interior. Tenían, por supuesto, una misión defensiva, aunque en ocasiones fueran utilizadas como arco de triunfo. De ese pasado festivo, algo queda. Aquí tiene lugar la *cridà*, o lo que es lo mismo, el pregón de la fallera mayor que da inicio cada año a las fallas. Entre los siglos XVI y XIX también fueron empleadas como cárcel, sólo para nobles y caballeros, eso sí.

TORRES DE SERRANOS

Como se puede apreciar, las torres son gemelas y están construidas con piedra de sillería. Son de planta poligonal, están almenadas y cuentan con bóvedas de crucería en sus distintos pisos. Conviene verlas por delante y por detrás, pues la imagen cambia considerablemente. Las torres están rodeadas por un foso y unidas por un cuerpo central donde se ubica la puerta, de medio punto y seis metros y medio de alto. De las Torres de Serranos nace el **puente** del mismo nombre, que se eleva sobre el antiguo cauce del Turia, hoy reconvertido en jardín. No vamos a cruzarlo… de momento. Es la primera vez que nos asomamos a la que fue cuna del principal río valenciano, que hoy ha cambiado sus rebeldes aguas por una tranquila brecha verde. Hablaremos de ella en el próximo itinerario. De momento, continuamos por la calle Trenor hasta alcanzar el **puente de la Trinidad.** Ahora sí vamos a cruzar el antiguo cauce.

■ LA CASA-MUSEO CONCHA PIQUER

Si tomamos la orilla hacia la izquierda hasta la avenida Constitución, y seguimos ésta hasta llegar a Ruaya, veremos un museo dedicado a una de las personalidades, una cantante, más queridas por los valencianos. Nos referimos a la **Casa-Museo Concha Piquer** (Ruaya, 23; tel. 963 485 658; horario: de martes a sábado, de 10 h a 14 h y de 16.30 h a 20.30 h, domingo y festivos de 10 h a 15 h). Los aficionados a la copla no pueden dejar de visitarlo, ya que aquí, en su casa natal, se

han recopilado los objetos más personales de la artista, como trajes, abanicos, fotografías...
Concha Piquer (1906-1990) nació en este barrio, Sagunto, en el seno de una familia humilde, y el Ayuntamiento ha dedicado una planta de la casa a mostrar cómo se vivía a principios del siglo XX en esta parte de la ciudad.

■ **EL MUSEO DE BELLAS ARTES**
Si regresamos de nuevo al puente de la Trinidad, veremos justo enfrente un gran edificio, el próximo museo artístico que invitamos a visitar, y justo detrás, un gran espacio verde, los Jardines del Real, que acoge otra interesante propuesta museística, esta vez de carácter científico. El primero de ellos es el **Museo de Bellas Artes de Valencia** (San

Pío V, 9; tel. 963 870 300; horario: de martes a domingo, de 10 h a 20 h). El edificio es barroco, del siglo XVII, y originariamente fue colegio-seminario de San Pío V. Su planta se compone, básicamente, de dos núcleos principales: la iglesia, bajo cuya **cúpula** se sitúa el zaguán del museo, y un claustro de triple arquería superpuesta a través del cual se accede a las diferentes salas. La cúpula, precisamente, es uno de los rasgos distintivos del museo, ya que las piezas de cerámica azul que la recubren refulgen bajo el sol de Valencia. El claustro está salpicado de piezas arqueológicas de diferentes épocas, entre las que destaca un sarcófago paleocristiano y un león ibérico.

LA CÚPULA DE CERÁMICA AZUL ES UNO DE LOS RASGOS DISTINTIVOS DEL MUSEO DE BELLAS ARTES.

MUSEO DE CIENCIAS NATURALES

Una escalera nos da acceso a la primera planta, donde se exponen las piezas más significativas de la colección de pintura, obras maestras de los siglos XIV al XIX. La visita comienza en la gran sala, que alberga lo mejor del periodo gótico (Starnina, Alcanyis, Jacomart), del Renacimiento (Juan de Juanes) y una selección de lienzos de pintura española (Murillo, Valdés Leal) y extranjera (El Bosco, Van Dyck). No obstante, la obra que se guarda con más mimo en este espacio es un retablo primitivo de gran valor, el de Fray Bonifacio Ferrer (siglo XV), en técnica mixta, que comparte protagonismo con otras tablas que dejan de manifiesto la relevancia del reino de Valencia durante la Edad Media.

En salas aparte, se exhiben lienzos de pintores académicos y pequeñas joyas de **grandes maestros:** Goya, El Greco y el famoso *Autorretrato* de Velázquez, sin duda el cuadro de mayor valor del museo. La segunda planta está dedicada a la pintura moderna, con trabajos de la familia Benlliure, Pinazo, Sorolla...

Al margen de estas colecciones permanentes, atravesando el zaguán, de nuevo en la planta baja, es posible acceder a la sala de exposiciones temporales y a la galería de esculturas, de Mariano Benlliure. La **pinacoteca** cuenta con más de 16.000 obras en sus fondos, aunque ahora sólo está expuesta una parte. El Centro del Carmen será su anexo principal, donde quedarán colgadas las obras pertenecientes al siglo XIX. El museo organiza numerosas actividades y talleres didácticos para impulsar el conocimiento y el estudio del arte.

■ EL MUSEO DE CIENCIAS NATURALES

Detrás del Museo de Bellas Artes se encuentran los Jardines del Real, un espacio verde que alivia el bullicio de la ciudad y además acoge un museo dedicado a la ciencia, algunas de cuyas colecciones son bastante curiosas. Se trata del **Museo de Ciencias Naturales** (General Elio, s/n; tel. 963 525 478; horario: de martes a sábado, de 10 h a 14 h y de 16.30 h a 20 h, domingo y festivos de 10 h a 20 h; servicio de visitas guiadas). Es un museo de titularidad municipal muy didáctico e interactivo, dedicado a la difusión y conservación del patrimonio científico y natural de Valencia. Acoge magníficas colecciones, como la de **paleontología,** por ejemplo. Una de las que despiertan mayor curiosidad es sin duda la de **malacología,** es decir, conchas de moluscos, tanto de la Comunidad Valenciana como de otros lugares del mundo. También es muy interesante la recreación de un gabinete científico del siglo xix. Otro de los alicientes de la visita lo constituye el continente del museo, es decir, el edificio que lo acoge, ya que se trata de una **construcción racionalista.** Fue diseñada por el arquitecto Luis Gay, y antes fue el restaurante de Viveros, que se adecuó posteriormente a su nuevo uso.

■ **REGRESO AL CORAZÓN DE VALENCIA**

Regresamos a la otra orilla del antiguo cauce del Turia por el puente de la Trinidad, y continuamos por la calle Pintor López hasta situarnos en el puente del Real, pero sin cruzarlo. Desde esta esquina ya se ve el **convento de Santo Domingo,** aunque la entrada está situada en la plaza de Tetuán. Este cenobio fue residencia de San Vicente Ferrer, y fue aquí donde tomó los hábitos. Se puede entrar concertando cita previamente (telf. 963 517 737). El mismísimo Jaime I fue el encargado de colocar la primera piedra, allá por 1239, y el conjunto no decepciona a los visitantes. Resultan de especial interés el claustro mayor, del siglo xiv; la capilla de los Reyes, de estilo gótico (siglo xv), donde se encuentra el mausoleo renacentista de los Marqueses de Cenete, y la **sala capitular** o de las Palmeras, una joya del gótico, llamada así por la disposición de los nervios que sostienen la bóveda. En la capilla de San Vicente Ferrer se pueden admirar los frescos de Vergara que adornan su cúpula.

La calle General Tovar, que parte de la misma plaza de Tetuán, desemboca en la plaza de Alfonso el Magnánimo, aunque casi todo el mundo la llama **el Parterre.** Un coqueto jardín, propicio

TAPEO

Oculta tras el arroz, que acapara toda la fama, la gastronomía de la tapa, la ración y la cazuelita cuenta en Valencia con valiosos exponentes, a veces centenarios y con frecuencia especializados en determinado plato o producto. La mayoría se concentra en los barrios del Carmen y Cabanyal, pero los locales para comer a pie de barra se encuentran por toda la ciudad. He aquí una muestra de los más conocidos, siempre llenos.

Ángel
Purísima, 1.
Telf. 963 917 835.
Las sardinas abiertas, desespinadas, fritas y aderezadas con ajo y perejil son el plato estrella de esta tasca inaugurada hace más de 40 años. Otra de sus especialidades es el *esgarraet* (bacalao desmigado con ajo y pimiento rojo).

Bodeguilla del Gato
Catalans, 10.
Telf. 963 918 235.
Una tasca de siempre con buenas raciones – queso Camembert con mermelada de arándanos, patatas bravas, tablas de ibéricos...– y pegada a la plaza del Negrito, ideal para una cena informal antes de salir de copas por el casco antiguo.

Casa Jomi
Castell de Pop, 13.
Telf. 963 671 414.
www.casajomi.com
Los salazones son la especialidad, y también los montaditos. Cuenta con una amplia y bien seleccionada carta de vinos.

Casa Guillermo
José Benlliure, 26.
Telf. 963 673 825.
www.elreydelaanchoa.com
También es conocido como El Rey de la Anchoa, para que todos sepan cuál es su especialidad desde 1957; hay que destacar la calidad de las tapas de lata, chacinas y bocadillos.

Casa Montaña
José Benlliure, 69.
Telf. 963 673 825.

www.emilianobodega.com
Se fundó en 1836 y es uno de los establecimientos más conocidos de Valencia, tanto por la calidad de sus tapas –anchoas, *michirones* (habas cocidas), sardinas, *clòtxines* (mejillones)...– como por su cuidada carta de vinos.

El Albero
Císcar, 12.
Telf. 963 337 428.
Una taberna sevillana trasplantada al Ensanche valenciano. Gambas blancas, rabo de toro, lagrimitas (pechugas de pollo rebozadas), montaditos de *pringá* y cazón en adobo son algunos de sus platos más celebrados.

El Molinón
Bolsería, 40.
Telf. 963 911 538.
El aroma a sidra y queso de Cabrales delata el origen asturiano de este mesón, donde se tapea a base de cecinas, chorizos y quesos. También prepara fabadas y otras especialidades norteñas.

Los Toneles
Ribera, 17. Telf. 963 940 181.
Cimentó su fama a base de bocadillos de calamares y raciones de sepia a la plancha, pero el surtido de tapas es mucho más amplio.

Pilar
Moro Zeit, 13.
Telf. 963 910 497.
Sus negras conchas ya no tapizan el suelo como antaño, pero los mejillones (*clòtxines*) siguen siendo la especialidad de este bar que abrió sus puertas en 1917. Tienen fama el vermú de grifo, las raciones de sepia y las patatas bravas.

Villaplana
Doctor Sanchís Sivera, 24.
Telf. 963 850 613.
www.restaurante
villaplana.com
Una cervecería de amplio horario y carta inabarcable: una lista casi infinita de tapas, bandejas, bocadillos, tostadas y platos de carnes, verduras, pescados y mariscos para satisfacer los gustos de todo el mundo.

para descansar y hacer un alto en el camino. Así se puede observar con detalle la gran **estatua ecuestre de Jaime I** realizada en bronce e instalada en su pedestal en 1891. Él fue quien fundó el reino de Valencia en el siglo XIII y él es quien, cada 9 de octubre, recibe la *senyera,* bandera oficial de la Comunidad, en conmemoración de la conquista de la ciudad a los árabes.

Desde aquí nos adentramos en la **calle de la Paz,** que desemboca en el Parterre. Esta vía presume de ser la más bella de Valencia, gracias a sus edificios modernistas y románticos. Merece la pena recorrerla y detenerse a observar la arquitectura.

Llegados a este punto, ya conocemos el lugar donde San Vicente Ferrer fue bautizado (iglesia de San Esteban) y el lugar donde tomó los hábitos (convento de Santo Domingo). Falta, pues, conocer la casa donde nació, y hacia ella nos dirigimos. Debemos coger la calle del Mar, paralela a la de la Paz, hasta encontrar la **plaza de San Vicente Ferrer.**

FACHADA DEL MERCADO DE COLÓN.

En la casa, edificada en el siglo XV y reformada en el XX, podemos ver la habitación de Vicente Ferrer (ahora contiene un retablo de Vicente López), una capilla, azulejos típicos valencianos y la que constituye la atracción del lugar y centro de peregrinación: el **pozo** milagroso ("el Pouet de Sant Vicent").

En 1854 una epidemia de cólera hizo estragos en Valencia y su provincia. La situación era crítica, y para colmo, el agua de Valencia y la de los pueblos más cercanos estaba contaminada. Y ocurrió el milagro: cuentan que de este pozo salieron 160.000 cántaros repletos del preciado líquido, lo que permitió hacer frente a la enfermedad. Cuando se celebran las fiestas del patrón de la Comunidad, de este pozo se da de beber a los niños "para que hablen pronto, no padezcan de anginas, no juren en falso ni sean blasfemos".

Regresamos a la plaza de Alfonso del Magnánimo (el Parterre), y desde aquí una callecita nos conduce a la calle de Colón, justo frente al **Mercado de Colón**. Se trata de un edificio **modernista** (1914-1916) proyectado por el arquitecto Francisco Mora, en el que destaca su estructura, de hierro, elevadísima, y su decoración, con fachada de ladrillo rojo y motivos de cestas de frutas, labrados y naranjas. Es especialmente impresionante su **nave central**, muy amplia e inundada de luz natural procedente de las vidrieras. Esta construcción despierta gran cariño entre los vecinos del barrio, el Ensanche. Después de una profunda remodelación realizada a comienzos de la década, el mercado se ha convertido en un gran centro comercial que cuenta con tiendas (varias especializadas en delicias gastronómicas), cafeterías y algunos restaurantes. La rehabilitación del Mercado de Colón forma parte de un proceso de recuperación y revitalización de edificios emblemáticos levantados en Valencia en esa época.

La Valencia moderna

El año 1957 es una fecha clave en la historia de Valencia. El río Turia ya se había desbordado con anterioridad en diversas ocasiones, pero ninguna riada logró lo que ésta: tres cuartas partes de la ciudad quedaron anegadas por el agua. La solución fue drástica. La aprobación del Plan Sur permitió desviar el cauce del río unos cuantos kilómetros para alejarlo así del centro de la ciudad. El vacío dejado por su caudal pasó a ser por obra y gracia de diferentes arquitectos, entre ellos Ricardo Bofill, un jardín donde los valencianos pasan buena parte de su tiempo de ocio, caminando, haciendo deporte (hay buenas instalaciones para ello) o montando en bicicleta. Nuestro recorrido comienza en la Ciudad de las Artes y las Ciencias y prosigue de puente a puente hasta el final del trayecto verde, visitando también monumentos, museos y parques próximos al antiguo cauce y otros lugares de interés, algo más alejados pero de fácil acceso desde algún punto del trayecto.

LA CIUDAD DE LAS ARTES Y LAS CIENCIAS

Comenzamos por la **Ciudad de las Artes y las Ciencias** (www.cac.es; tel. 902 100 031; horario: varía según el recinto y la época del año, consultar página web o vía teléfono, también para tarifas).

Bienvenidos a la ciudad más viva del mundo. Un gran centro cultural y de ocio situado en uno de los extremos del antiguo cauce del Turia, el más cercano al mar. Sus 350.000 m² de superficie, distribuidos en un eje de dos kilómetros, lo convierten en el mayor centro de Europa de sus características. Un espacio abierto a todos donde es posible asistir a la ópera, ver las estrellas, descubrir los orígenes de la vida, desafiar a un tiburón...

Sus cinco recintos –el Palau de les Arts Reina Sofía, el Hemisfèric, el Museo de las Ciencias Príncipe Felipe, el Umbracle y el Oceanogràfic–, que comparten protagonismo con el Ágora, un edificio multiusos concebido como punto de encuentro para los visitantes de la Ciudad, abarcable con la mirada desde el Umbracle, un paseo de esculturas que ejerce de puerta de

VISTA PANORÁMICA DEL ANTIGUO CAUCE DEL TURIA. A LA DERECHA, EL PALAU DE LES ARTS.

acceso. El recinto es obra en su mayoría del último gran maestro local, Santiago Calatrava –aunque las cubiertas de los edificios principales del Oceanogràfic son obra de Félix Candela, valenciano también. Santiago Calatrava es uno de los pocos arquitectos capaces de conseguir que la ingeniería convierta su utilidad en arte y se relacione con su entorno. Famoso en el mundo entero por sus equilibradas construcciones y estructuras luminosas, Calatrava fue galardonado en 1999 con el Premio Príncipe Felipe de las Artes gracias a "su original entendimiento del volumen y al empleo de nuevos materiales y tecnologías en la búsqueda de una estética innovadora".

El **Palau de les Arts Reina Sofía** es, sin duda alguna, una de las construcciones más arriesgadas de cuantas ha proyectado Santiago Calatrava hasta el momento. Su aspecto, semejante a un barco, recuerda bien cuál es su ubicación: en el antiguo cauce del río Turia, a tan sólo unos kilómetros del Mediterráneo. El más grande de los edificios que componen la Ciudad de las Artes y las Ciencias cuenta con plataformas en voladizo, a diferentes alturas, a las que es posible acceder mediante ascensores panorámicos y escaleras situadas en el interior de carcasas metálicas. El con-

traste entre las chapas de acero y el cristal proporciona sensación de movimiento al conjunto, agazapado bajo una gran sobrecubierta metálica en forma de pluma, que se sostiene mediante dos apoyos, uno en su zona oeste y otro intermedio, quedando la zona este de la cubierta totalmente en voladizo. La cubierta o pluma mide más de 230 metros de largo y alcanza los 70 metros de altura. Las dos *cáscaras* que abrazan el edificio en el exterior están construidas en acero laminado (3.000 toneladas), revestido de *trencadís*, esa cerámica *rota* tan propia del modernismo. Las dimensiones del Palau son estratosféricas: 163 metros de longitud por 87 metros de ancho. El edificio, que fue inaugurado en octubre de 2005, se divide en cuatro grandes áreas y cuenta con un escenario de lujo, con 530 m^2 de superficie, en el que se desarrolla, durante todo el año, un completo programa de ópera, música clásica, danza y otras artes escénicas. El restaurante, situado en la parte más alta, bajo la pluma, completa la oferta cultural y lúdica.

Hablamos ahora del **Hemisfèric**, un gran ojo humano, el ojo de la sabiduría, cuya pupila no es otra cosa que el domo semiesférico de la sala de proyecciones, que

Hemisfèric, en primer plano, y Palau de les Arts Reina Sofía

se transforma visualmente en una esfera completa al reflejarse en el agua. Los párpados son las bóvedas tóricas; las pestañas, las cancelas acristaladas que se pliegan lentamente girando sobre unos goznes centrales. El ojo se abre y se cierra: es la sutil metáfora de un guiño a la observación y al conocimiento. Las partes no transparentes están construidas con hormigón blanco revestido de *trencadís*. Los juegos de luces y sombras al proyectarse sobre el estanque producen un fuerte impacto visual, que dan al conjunto un cierto aire futurista, casi fantasmal. Es todo un alarde de ingenio, donde la geometría se pone al servicio de la imaginación. Inaugurado en abril de 1998, fue el primer elemento de todo el recinto en construirse.

Pero ¿qué ocurre dentro? Ésta es una buena pregunta que conlleva una complicada respuesta. El Hemisfèric es la sala más grande en España que alberga dos sistemas de proyección sobre una pantalla cóncava gigante de 900 m^2, con tres tipos de formatos audiovisuales: cine en gran formato, IMAX Dome; proyecciones digitales; y representaciones astronómicas y espectáculos de entretenimiento. Dispone también de restaurante y cafetería.

Un colosal esqueleto, similar al de un dinosaurio. Así es el aspecto exterior del **Museo de las Ciencias Príncipe Felipe,** salido de la imaginación desbordante de Santiago Calatrava. El arquitecto valenciano quería espacios amplios, donde la luz fuera protagonista. Y también el color blanco, el resplandor de los cristales, el agua para que el edificio se reflejara en ella.

Así nació esta sorprendente construcción, dividida en cuatro plantas, con una superficie total de 42.000 m^2, de los que casi dos terceras partes son utilizados para exposiciones y cualquier otro tipo de **actividad lúdica y científica.** Más de 220 metros de largo, 80 metros de ancho y 55 metros de altura máxima son los números que dan vida a este hito de la arquitectura moderna, en cuya plasmación del papel a la realidad se emplearon seis toneladas de acero y 58.000 m^3 de hormigón, algunos de los cuales se encuentran repartidos entre los cinco pilares del vestíbulo que da acceso a la zona de exposiciones, ramificados en forma de árbol para soportar la cubierta. Un juego de plataformas sostenidas por arcos conforman las plantas del museo, con dos fachadas: una al norte, acristalada, de 40 metros de altura, plegada como un acordeón; otra, opaca, al sur, que recibe la cubierta inclinada, a modo de contrafuerte. Ambas fachadas cuentan con paseos exteriores, suspendidos a diferentes alturas, que llegan hasta el mismo borde del antiguo cauce del Turia. Una auténtica obra de arte, inaugurada a finales del año 2000. Un gigantesco "hipermercado" para la divulgación de la ciencia.

"Prohibido no tocar". Éste es el lema que hay que tener en cuenta nada más atravesar la puerta del museo. La planta baja es de libre acceso y está dispuesta en torno a la llamada Calle Menor en la cual podemos ver la silueta del rostro de 55 científicos con su correspondiente nombre y una frase suya que invita a pensar. Aquí se encuentran también las taquillas, la cafetería, tiendas, salas de talleres –no perderse el Taller Estudio de Televisión– y el **Auditorio,** uno de los emblemas del museo, con una superficie de 3.200 m² y capacidad para unas 300 personas.

Unas escaleras mecánicas nos conducen a la primera planta, en la que nos recibe su larguísima Calle Mayor, a la que se accede ya con la entrada. Aquí están las dos joyas de la casa, las que más público concitan a su alrededor: el **péndulo de Foucault** y la **molécula de ADN.** Puede que haya muchos péndulos similares a éste distribuidos por los museos de ciencias de todo el planeta, pero el valenciano tiene algo especial. Es similar al que usó Focault para demostrar que la Tierra giraba sobre sí misma, como ya afirmó Galileo. Éste es uno de los más largos del mundo (34 m) y en su base cuenta con bolas que el propio péndulo desplaza en sus movimientos hasta una plataforma, señalando de forma sonora el acontecimiento. No por mucho mirar, van a caer las bolas. Hay que tener mucha paciencia: el ciclo tarda 24 horas en completarse. ¿La moraleja? Todo es producto de una ilusión: es el edificio y, con él, el globo terráqueo el que gira bajo el péndulo. Espectacular es también la molécula de ADN, que se encuentra a sólo unos pasos: 15 metros de largo que se multiplican en la imaginación al mirar el espejo sobre el que se asienta. El espacio que se abre a la derecha es algo así como un gran laboratorio, fascinante para los más pequeños.

La planta segunda alberga "El Legado de la Ciencia", una exposición en la que se detalla la vida y obra de tres premios Nobel de ciencias: Santiago Ramón y Cajal, Severo Ochoa y Jean Dausset, a través de paneles que explican sus aportaciones y descubrimientos más relevantes.

LA VALENCIA MODERNA

La tercera y última planta queda reservada a "Vida y Genoma", la exposición más grande del mundo dedicada a la biología y la genética, en la que se detalla de forma pormenorizada la historia de la vida. La muestra se completa con el **Bosque de Cromosomas,** representación a gran escala de los 23 pares de cromosomas del genoma humano, con divertidos y curiosos experimentos. Otro aliciente en esta planta es el **Simulador Espacial,** en el que la voz del astronauta Pedro Duque sirve de guía en un sugestivo paseo por una nave espacial y un vuelo desde Cabo Cañaveral al infinito.

Un *winter garden* novecentista. Ésta es la mejor definición del **Umbracle,** un **mirador** excepcional sobre todos los recintos que forman la Ciudad de las Artes y las Ciencias, una puerta de entrada natural a la Ciudad, adornado con multitud de **especies botánicas:** un centenar de palmeras, más de 60 naranjos amargos, 42 variedades de arbustos de la Comunidad Valenciana y muchas, muchas, plantas trepadoras, además de otras especies mediterráneas y tropicales. Los 55 arcos metálicos fijos y 54 flotantes, de entre 17 y 19 metros de altura, sirven de cubierta a esta espectacular avenida que oculta

UMBRACLE

VISITA A LA CIUDAD

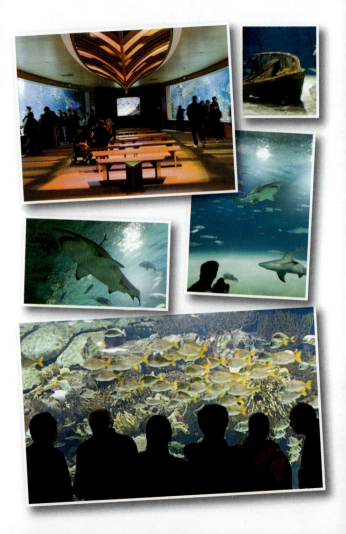

en su interior un **aparcamiento.** Proyectado por Santiago Calatrava en hormigón blanco, con tablas de madera de teca en el suelo, el Umbracle ofrece un espacio tranquilo para pasear, sentarse al sol en los bancos de *trencadís* y contemplar, con calma, las esculturas que lo pueblan.

Costas, islas, lagunas… El **Oceanogràfic,** obra póstuma del arquitecto Félix Candela, propone un viaje fascinante a través de todos los **ecosistemas del planeta** para contemplar de cerca las fauces de un tiburón, jugar con los delfines, sumergirse en el Caribe e, incluso, escuchar los cantos de las ballenas. Un lugar único, con un volumen de agua salada equivalente al de 15 piscinas olímpicas, que es transportada a través de un complejo sistema de tuberías desde el mismo mar Mediterráneo. Las cubiertas de hormigón blanco de los edificios centrales representan un nenúfar. En ellos, en las profundidades y al aire libre habitan 45.000 ejemplares de 500 especies distintas. Con una extensión de 110.000 m^2, el mayor **acuario** de Europa se divide en nueve espacios o torres submarinas, comunicadas todas a través de subterráneos y pasarelas.

Las áreas a visitar son las siguientes: Mediterráneo (para descubrir mejor cada secreto de nuestro mar), Humedales (con una gran jaula reservada a aves exóticas), Templados y Tropicales (con cangrejos araña de más de 4 metros), Océanos (donde viven los tiburones), Ártico (donde las reinas son las ballenas beluga), Antártico (y sus divertidos pingüinos Humboldt), Islas (casi en exclusiva para una colonia de leones marinos), Mar Rojo (un auditorio con un escenario-acuario) y el Delfinario. Un gran parque marino al que conviene dedicar, como mínimo, un día entero, siguiendo el orden que cada cual prefiera. Para ello, el recinto cuenta con varios restaurantes y diversos puntos de comida rápida distribuidos entre los jardines, que forman todo un **jardín botánico** con multitud de plantas y flores perfectamente identificadas.

Para finalizar el recorrido por la Ciudad, será en breve cuando, por fin, vea la luz el espacio multiusos **Ágora**, diseñado por Santiago Calatrava, entre el puente de Serrería y L'Oceanogràfic. Con una altura de 70 metros y una superficie de casi 5.000 m^2, este nuevo elemento servirá como lugar de descanso para los visitantes, y también como punto de encuentro y centro de exposiciones y conferencias, como si de una gran plaza griega se tratara. Un nuevo espacio que rompe la horizontalidad del complejo, que vuelve a mirar hacia arriba. Cristal, hormigón blanco, acero y *trencadís* son los materiales empleados en su construcción.

■ POR EL ANTIGUO CURSO DEL TURIA

Hay que dedicar unas cuantas horas (o mejor jornadas) a la Ciudad de las Artes y las Ciencias, situada, como hemos dicho, en uno de los extremos de los jardines que ocupan el antiguo cauce del Turia. Vamos a seguir el antiguo curso del río, en el que a menudo se celebran, sobre todo cuando llega el verano, numerosos actos: conciertos al aire libre, castillos de fuegos artificiales, recitales... Al lado del Hemisfèric se encuentra el primero de los puentes que vamos a cruzar, el de Monteolivete, a sólo unos pasos de la plaza del mismo nombre. Primera parada. Aquí se encuentra un museo pequeño en dimensiones pero grande en contenidos. El **Museo Fallero** (pl. de Monteolivete, 4; tel. 963 525 478; horario: de martes a sábado, de 10 h a 14 h y de 16.30 h a 20.30 h, domingo y festivos de 10 h a 15 h) encierra parte de la historia festiva más querida por los valencianos. Aquí vamos a ver una colección de lujo: los *ninots* indultados del fuego desde 1934 hasta nuestros días, desde viejecitas a Indiana Jones, desde indios o policías a Jacques Cousteau. Además, *ninots* infantiles, carteles, fotografías y paneles explicativos que ilustran y narran la evolución de los materiales a la hora de dar vida a las fallas.

Continuamos por la calle Alcalde Reig hasta llegar al puente del Ángel Custodio, bajo cuya estructura aparece un gigante yacente. Es **Gulliver,** uno de los parques infantiles preferidos por los más pequeños, de cuyo corpachón sale un sinfín de toboganes. En su interior, una maqueta de la ciudad, y rodeándolo, juegos de todo tipo, un minigolf, un ajedrez de grandes dimensiones y rampas de patinaje que proporcionan mucha actividad a este parque de recreo. Cruzado el puente, en el paseo de la Alameda, junto al puente

Palau de la Música.
A la derecha, puente de la Exposición.

LA VALENCIA MODERNA

del Ángel Custodio, vemos ya el **Palau de la Música,** vanguardista edificio de cristal y hierro inaugurado en 1988. Desde entonces se ha convertido en un referente musical de la ciudad, y en él tiene su sede la Orquesta de Valencia. Fue construido por García de Paredes en el antiguo cauce del río, mientras que los jardines y lagos son obra de Ricardo Bofill. En ellos, llama la atención un **estanque** en el que es posible ver a cada rato un magnífico espectáculo de agua. Mejor contemplarlo de noche, cuando todo está perfectamente iluminado. La temporada del Palau comienza en octubre con el festival de otoño, y su ciclo de conciertos y óperas se prolonga hasta el verano. Sus instalaciones son magníficas: auditorios con una acústica inmejorable, salas de conferencias y congresos, salas de exposiciones…

Muy en la línea de las construcciones del arquitecto valenciano, el **puente de la Exposición,** diseñado por Santiago Calatrava, es de diseño vanguardista y supone un contrapunto sobre el antiguo cauce del río. Para pisarlo sólo hace falta continuar por el paseo de la Alameda. Los valencianos lo llaman el puente "de la peineta", por su forma, y lo cierto es que se asemeja bastante. Parece tener movimiento. Recomendamos verlo desde abajo, desde los **Jardines del Turia,** donde se encuentra la **estación de metro** Alameda, obra también de Calatrava. El metro valenciano es uno

VISITA A LA CIUDAD

de los más modernos de España y, aunque no tiene demasiadas paradas, es eficaz para moverse por la ciudad, sobre todo, en época de fallas u otros actos festivos cuando muchas calles están cortadas.

Podemos aprovechar esta zona para hacer un receso en el paseo y deleitarnos con los jardines.

■ EL BIOPARC

Una de las atracciones más recientes en Valencia es un parque, y hacia allí nos dirigimos, justo al otro extremo del antiguo cauce del Turia. Durante el recorrido, podemos aprovechar para observar los **puentes** y cómo se ha reconvertido en espacios verdes el cauce del río situado bajo ellos, dotando a Valencia de un verdadero pulmón de oxígeno.

Hemos dejado para el final un lugar especial, sobre todo para los niños. Se trata del **Bioparc** (www.bioparcvalencia.es); avda. Pío Baroja, 3; tel. 902 250 340; horario: todos los días, desde las 9.30 h hasta la puesta de sol, según época del año), un parque que presenta al público un nuevo concepto de zoológico: la **zooinmersión**. Para llegar, sólo hay que seguir el cauce en dirección opuesta al mar, por el paseo de la Pechina. Se puede acceder paseando, en transporte público, privado o bicicleta.

No se trata de un zoo al uso, sino que los visitantes tendrán la sensación de hallarse dentro de los auténticos hábitats naturales de las especies que ven, que han sido recreados con gran realismo, gracias a la simbiosis entre fauna, vegetación y paisaje. La experiencia es única, y además invita a la reflexión y la concienciación sobre la necesidad de preservar el medio natural.

De momento, ya que está previsto que las intalaciones sean ampliadas en un futuro próximo, Bioparc dedica todo el recinto a un solo continente, **África**, y se divide a su vez en **tres ecosistemas**: la Sabana, África Ecuatorial y Madagascar. Huelga decir que la posibilidad de ver elefantes, leones, gorilas, rinocerontes, jirafas, etc., no se tiene todos los días, al menos no en la gran ciudad, lo que hace la visita a Bioparc totalmente recomendable, en especial si se viaja con niños.

LA VALENCIA MARINERA

Hay muchas formas de llegar hasta la playa de Valencia, aunque en realidad debemos hablar de las *dos* playas con las que cuenta la ciudad: la **playa de Levante** (o las Arenas), la más

cercana al puerto, y la **playa de la Malvarrosa.**
Después de esta puntualización, proponemos la solución más romántica para acercarse a la playa, al menos por el concepto. Frente a las Torres de Serranos, al otro lado del antiguo cauce, se encuentra la estación de Pont de Fusta, desde donde parten tranvías que conducen directamente a la playa. No hay que esperar un vetusto tranvía, se trata de un modernísimo medio de transporte que no recuerda en nada a los antiguos. Valencia recuperó su uso en 1994, convirtiéndose así en la primera ciudad española que de nuevo hacía circular el tranvía en sus calles. Es la mejor forma de llegar hasta la Malvarrosa, que luce un renovado paseo Marítimo digno de ser recorrido si hace buen tiempo.
Su fina arena y la calidez de sus aguas convirtieron este rincón del Mediterráneo en el favorito de la burguesía valenciana de principios del siglo pasado, que se reunía aquí durante el verano, sobre todo en torno al antiguo balneario de las Arenas, próximo al puerto.
La playa, como ámbito de ocio, de reflexión o de subsistencia, fue inmortalizada en infinidad de ocasiones por el pintor valenciano Joaquín Sorolla (1863-1923). Las figuras –niños, adultos o ancianos– disfrutan del mar, sufren su dureza o se extasían ante su belleza, pero todas están bañadas por la poderosa luz del Mediterráneo.
Valencia, como otras tantas ciudades mediterráneas, vivía de espaldas a este mar. La recuperación de su paseo Marítimo ha devuelto a los valencianos y sus visitantes el placer de un día de playa.

Precedido por el puerto del Grao y sus hermosos tinglados modernistas, por las Atarazanas y el balneario de las Arenas, el paseo está flanqueado por bares, chiringuitos y restaurantes hasta su término, en la acequia de la Alboraia. Vamos a comenzar el recorrido precisamente aquí, en la zona más alejada del puerto, donde termina la playa de la Malvarrosa.

El paseo Marítimo nos permite contemplar una playa limpia y muy cuidada. La abandonamos por un momento para adentrarnos en la calle Isabel de Villena. En el número 157 se encuentra la **Casa-Museo Blasco Ibáñez** (1867-1928), escritor contemporáneo de Joaquín Sorolla y autor, entre otras obras, de *La Barraca* y *Cañas y Barro,* que tan bien retratan la vida de los pescadores valencianos en el cambio de siglo (tel. 963 525 478; horario: de martes a sábado, de 10 h a 14 h y 16.30 h a 20.30 h, domingo y festivos, de 10 h a 15 h). Considerado por muchos el Zola español, lo cierto es que la actitud de Vicente Blasco Ibáñez frente al personaje entronca más con la de un realista, que se atiene, principalmente, a la descripción detallada de ambientes, como hizo Clarín. La que fue su casa consta de tres plantas y un jardín, y alberga en un museo con recuerdos personales del novelista (fotografías, grabados, muebles...).

Continuamos por el paseo hasta el **barrio del Cabanyal,** zona de

pescadores que se encuentra en segunda línea de mar. Merece la pena callejear por él y tomar algo o tapear en alguna de las típicas **tabernas,** surtidas de excelentes vinos y viandas. Aunque si lo que se pretende es comer paella, el consejo es proseguir por el paseo Marítimo hasta llegar al punto donde la Malvarrosa se funde con la playa de Levante. Aquí está el famoso **paseo de Neptuno,** repleto de hotelitos y restaurantes donde sirven excelentes arroces. El establecimiento más típico, La Pepica. Muy cerca se encuentra el antiguo balneario de las Arenas. Las **Reales Atarazanas** comenzaron a construirse a finales del siglo XIV y fueron restauradas en la década de los noventa. Constan de cinco naves comunicadas entre sí y sirvieron en sus tiempos de astillero y almacén de utensilios navales. A su lado, la estación Marítima y el **edificio del Reloj,** sede de la autoridad portuaria.

El **puerto** de Valencia fue uno de los principales nudos de transporte entre la Península y el resto de países del Mediterráneo, y hoy continúa teniendo una gran actividad comercial. Es muy grande, y para comprobarlo, nada como darse una vuelta en los barcos que lo recorren, las **golondrinas.** Es posible pasear por parte de la zona portuaria y contemplar la ornamentación de los **tinglados modernistas** de los muelles, obra realizada en 1918 por Demetrio Ribes. Algunos de ellos han sido recuperados para actividades culturales. Con motivo de la celebración de la America's Cup de Vela en 2007, el puerto de Valencia experimentó una importante transformación que ha dejado como símbolo más visible el **edificio Veles e Vents** y una nueva área de esparcimiento para los valencianos.

LA NOCHE

Al caer el sol, Valencia se transmuta e ilumina con las luces tenues de las decenas de locales que animan la noche. El barrio del Carmen concentra la mayor oferta y en él encontramos bares y pubs de aire bohemio junto con otros más vanguardistas. La avenidas de Aragón y de Blasco Ibáñez, y las plazas de Cánovas, Honduras y Xúquer son otros imanes para noctámbulos. En verano, la avenida de Neptuno, la de la Alameda y las playas amplían la oferta nocturna.

Casco Histórico

Café las Horas
Conde de Almodóvar, 1.
Cócteles y música suave en un café de aires bohemios, ideal para amantes de las noches tranquilas.

Mogambo
Sangre, 9. Sesiones de dj's y conciertos a lo largo de toda la semana la convierten en una de las salas más animadas.

Negrito Bar
Pl. Negrito, 1.
Debe su fama al buen ambiente, a la presencia habitual de gente del mundo de la farándula y al agua de Valencia (cava, zumo de naranja, vodka y ginebra).

Radio City
Santa Teresa, 19.
www.radiocityvalencia.com
Espacio multiusos para el día y la noche. Conciertos, exposiciones, teatro, cine, copas y mucho más lo convierten en una referencia lúdica y cultural.

Extramuros

La Indiana
San Vicente Mártir, 95.
www.laindiana.com

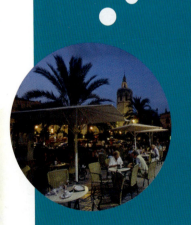

Elegante club con tres ambientes (salsa, house y jazz-blues) y tienda de ropa de marca.

Ensanche
Code
Almirante Cadarso, 11.
De noche, destaca por sus cócteles preparados por animados barmen. De día, se puede comer a base de bocadillos y ensaladas.

Las Ánimas
Pizarro, 31.
www.grupolasanimas.com
Veterano pub con música variada, jazz y conciertos. Destaca por su decoración, un tanto victoriana y repleta de zonas en penumbra.

Ciudad de las Artes y las Ciencias
L'Umbracle Terraza
Avda. del Saler, 5.
www.umbracleterraza.com
Para disfrutar de la noche en plena Ciudad de las Artes y las Ciencias. Cuando termina el verano, L'Umbracle se convierte en el club M.Y.A.

Playas
Akuarela
Eugenia Viñes, 152.
www.akuarela.es
Una de las discotecas más frecuentadas por los que han comenzado la noche tomando unas copas en el puerto.

Gandhara
Eugenia Viñes, 225.
www.terrazagandhara.com
Terraza al estilo ibicenco, con cuatro ambientes, el obligado chill out y decoración a base de budas, jaimas y objetos orientales.

Las Ánimas Puerto
Paseo de Neptuno.
www.grupolasanimas.com
Una sala de fiestas donde se puede cenar y luego bailar hasta altas horas a ritmo de house y funky, o simplemente tomarse una copa.

DORMIR EN VALENCIA

AC Valencia**** (f.p.)
Avda. de Francia, 67.
Telf. 963 317 000.
www.ac-hotels.com
Uno de los nuevos y lujosos hoteles levantados junto a la Ciudad de las Artes y las Ciencias. Siguiendo las pautas de la cadena AC, ofrece un entorno confortable y dispone de todos los servicios y comodidades.
Habitación doble: desde 70 €.

Ad Hoc Monumental*** (B4) **1**
Boix, 4. Telf. 963 919 140.
www.adhochoteles.com
Un hotel pequeño (28 habitaciones) y acogedor que ocupa un edificio del siglo XIX cuidadosamente rehabilitado. Las habitaciones, sobrias y decoradas en estilo clásico, disponen de completo equipamiento.
Habitación doble: 95-125 €.

Alkazar* (C4) **2**
Mosén Femades, 11. Telf. 963 515 551. www.hotel-alkazar.es
No es un alojamiento espectacular ni lujoso, pero es muy céntrico, las habitaciones no están mal y el precio es bueno. Los baños están bien dotados.
Habitación doble: 60-80 €.

Barceló Valencia**** (f.p.)
Avda. de Francia, 11.
Telf. 963 306 344.
www.barcelovalencia.com
Pegado a la Ciudad de las Artes y las Ciencias, este hotel, uno de los últimos inaugurados, ofrece una decoración vanguardista e impactante, y unos servicios acordes con su categoría: Internet gratuito, camas king size, gimnasio, spa...
Habitación doble: 97-152 €.

Europa* (C4) **3**
Ribera, 4.
Telf. 96 352 00 00.
Dispone de 51 habitaciones y es muy céntrico. Las dependencias, en general, son cómodas, aunque la decoración es más bien discreta. El baño es lo mejor de la habitación.
Habitación doble: 80 €.

Hostal Antigua Morellana* (B4) **4**
En Bou, 2. Telf. 963 915 773.
www.hostalam.com
La estratégica ubicación –a un tiro de piedra del Mercado Central y

de la plaza de la Reina– es su mayor virtud, aunque el servicio y la decoración están por encima de la media en su categoría.
Habitación doble: 55-65 €.

HOSTAL VENECIA** (C3) 5
Pl. del Ayuntamiento, s/n (entrada por En Llop, 5).
Telf. 96 352 42 67.
www.hotelvenecia.com
En un edificio de 1933. Buena parte de las habitaciones gozan de privilegiadas vistas sobre la plaza del Ayuntamiento, al igual que la salita para los desayunos, lugar perfecto para ver las *mascletás* en Fallas, por ejemplo.
Habitación doble: 60-120 €.

IBIS PALACIO DE CONGRESOS** (f.p.)
Valle de Ayora, 5. Telf. 963 173 337. www.ibishotel.com
Ofrece las prestaciones habituales en esta cadena: estancias modernas, funcionales y suficientemente equipadas. Además de estar bien comunicado, se encuentra a poca distancia del Bioparc y del Palacio de Congresos. Habitación doble: 99 €.

JARDÍN BOTÁNICO****
(B2) 6. Doctor Peset Cervera, 6. Telf. 963 154 012.
Se define como un *chill art* hotel, es decir, un espacio en el que se crea un ambiente confortable a partir de arte, música y diseño de vanguardia. Las habitaciones disponen de hidromasaje y los espacios comunes son también salas de exposiciones. Pensado para el turismo cultural, además ofrece una excelente ubicación, junto al Jardín Botánico.
Habitación doble: desde 70 €.

NH EXPRESS LAS ARTES***
(f.p.)
Instituto Obrero de Valencia, 26.
Telf. 963 356 062.
www.nh-hotels.com
Es uno de los siete hoteles que la cadena posee en la ciudad. Se encuentra frente a la Ciudad de las Artes y las Ciencias y es vecino del NH Las Artes (cuatro estrellas). En cuanto a instalaciones y equipamiento, sigue las pautas de la cadena: habitaciones modernas y funcionales, excelente desayuno bufé y todos los servicios que precisen quienes viajen por trabajo.
Habitación doble: 58-80 €.

PETIT PALACE BRISTOL***
(C4) 7
Abadía de San Martín, 3.
Telf. 963 945 100.
www.hthoteles.com
Un hotel *boutique* situado en pleno centro, en un palacio del siglo XIX que está a pocos metros del Museo Nacional de Cerámica y de la plaza del Ayuntamiento. Modernas y confortables, sus habi-

taciones se distinguen por el nivel de equipamiento: ordenador personal, bicicleta estática, ducha de hidromasaje... La cadena High Tech tiene otro hotel cerca, el Petit Palace Germanías.
Habitación doble: 70-130 €.

Room Mate Marina***
(f.p.). Pl. Tribunal de las Aguas, 5. Telf. 96 3203010.
www.room-matehotels.com
Situado frente al puerto y cerca la playa, este acogedor hotel destaca por su decoración, elegante y minimalista, y por unos servicios adaptados al viajero de hoy: acceso gratuito a Internet, alquiler de bicicletas, desayuno bufé incluido en el precio...
Habitación doble: 75-125 €.

SH Inglés*** (C4) 8
Marqués de Dos Aguas, 6.
Telf. 902 453 015.
www.sh-hoteles.com. El palacio de los Duques de Cardona, del siglo XVIII, es hoy un elegante hotel situado en el centro histórico y comercial. Las habitaciones, cálidas y perfectamente equipadas, disponen de ventanales o balconadas con vistas hacia algunas de las calles más bonitas de Valencia.
Habitación doble: 70-90 €.

Sol y Playa** (f.p.)
Paseo de Neptuno, 56.
Telf. 963 561 920.
www.hotelsolplaya.com
Puede que su decoración pida a gritos una actualización y que el bullicio de los restaurantes resulte molesto, pero la ubicación es inmejorable: en primera línea de la playa de las Arenas. Las vistas son espectaculares en las habitaciones orientadas al mar.
Habitación doble: 60-120 €.

Espectacular vista desde la terraza del hotel Barceló Valencia

COMER EN VALENCIA

ALBACAR (C5) ❶
Sorni, 35.
Telf. 963 951 005.
Cocina mediterránea que se fundamenta en la calidad de los productos. Platos como las habitas con calamar y pelota o las alcachofas con almejas son los que han formado una clientela fiel, que también agradece la profesionalidad del servicio y la cuidada carta de vinos.
Precio medio: 45 €.

CA SENTO (f.p.)
Méndez Núñez, 17.
Telf. 963 301 775.
www.casento.net
Los precios exigen un esfuerzo, pero es lo que vale comer en uno de los mejores restaurantes del país. La carta, que combina guisos marineros de siempre con platos muy creativos, refleja las inquietudes de su autor, Raul Aleixandre, su respeto por la cocina familiar y su obsesión por la calidad de los pescados y mariscos.
Precio medio: 90 €.

CASA CARMINA (f.p.)
Embarcadero, 4 (El Saler).
Telf. 961 830 254.
www.casacarmina.es
Vale la pena acercarse a El Saler para visitar este restaurante, famoso por su arroz con *fessols i naps,* aunque la carta incluye otras especialidades inolvidables como el arroz negro con chipirones o el de conejo y caracoles.
Precio medio: 45 €.

LA CARME (B3) ❷
Sogueros, 2.
Telf. 963 922 532.
Tiene fama de desarrollar una buena cocina creativa, algo que se puede comprobar en su local, por un precio muy razonable.
Precio medio: 35 €.

LA HERRADURA (f.p.)
Paseo Marítimo, 2.
Telf. 963 715 981.
Además de sus paellas excelentes, este restaurante ofrece unos estupendos pescados y mariscos. Aunque no trabajan el menú, se puede comer aceptablemente a precios razonables.
Precio medio: 30 €.

LA MARCELINA (f.p.)
Cardenal Herrero, 26.
Telf. 957 475 375.
Paseo Neptuno, 8.
Telf. 963 723 316.
www.lamarcelina.com
Empezó a preparar arroces secos y caldosos en 1888 y se ha convertido en una institución por la que desfilan innumerables turistas, atraidos por su carta, verda-

dero compendio de cocina clásica valenciana, y por su ubicación, a pie de playa.
Precio medio: 35 €.

La Pepica (f.p.)
Paseo Neptuno, 6. Telf. 963 710 366. www.lapepica.com
Otro venerable establecimiento del paseo de Neptuno al que acudir si se quiere comer una buena paella junto a la playa. Algo más joven que el vecino La Marcelina (se fundó en 1898), su especialidad son los mariscos y los arroces, sobre todo la paella Pepica de langosta. Precio medio: 45 €.

La Sucursal (B3) ❸
Guillem de Castro, 118.
Telf. 963 746 665.
www.restaurantelasucursal.com
El restaurante del IVAM destaca por su decoración sobria y vanguardista y por practicar una cocina creativa que reivindica sus raíces mediterráneas. Prueba de ello son sus dos menús degustación, llamados Tradición e Innovación.
Precio medio: 55 €.

La Utielana (C4) ❹
Pl. Picadero Dos Aguas, 3.
Telf. 963 529 414.
Un restaurante familiar apegado a las tradiciones. Destacan platos como el clásico *bollit* (cocido de judías verdes, patatas y cebollas). Precio medio: 20 €

Marisquería Santa Cruz (C2) ❺
Cuenca, 19. Telf. 963 855 123.
www.marisqueriasantacruz.com
El comedor es ruidoso y las mesas están muy juntas, pero los valencianos peregrinan hasta este restaurante familiar donde se dice que sirven el mejor marisco cocido de Valencia. Además de sus fuentes de cigalas y gambas de Dénia, tiene fama la fideuá. Precio medio: 50 €.

Oleo (f.p.)
Pl. Juan Antonio Benlliure, 6.
Telf. 963 675 865.
www.restauranteoleo.com
Cocina de autor que actualiza la cocina valenciana con las últimas técnicas culinarias, a cargo de Vicente Patiño, quien se dio a conocer en el Sal de Mar de Dénia. Más que un restaurante, es un espacio con una sala de cocina de vanguardia (Gastr_Oleo) y una barra de tapas gastronómicas (Oleotapas). Para adaptarse mejor a todos los bolsillos, el restaurante dispone de varios menús degustación y de entrantes en medias raciones. Precio medio: 50 €.

Sangonereta (C5) ❻
Sorni, 31. Telf. 963 738 170.
www.sangonereta.com
Este restaurante ubicado en un edificio modernista practica una cocina creativa basada en los pro-

ductos de temporada. Además, a mediodía ofrece un exquisito menú por 25 € que cambia todos los días y que siempre incluye un plato de arroz o una fideuá.
Precio medio: 50 €.

SUBMARINO (f.p.)
Junta de Murs y Valls, s/n.
Telf. 961 975 565.
www.grupo-jbl.com
Una carta repleta de propuestas originales en un ambiente espectacular, pues se ubica en el Oceanogràfic y el comedor está rodeado en todo su perímetro por un gigantesco acuario. El problema es concentrarse en los platos en semejante entorno. Los precios son altos, pero en el mismo edificio hay otros restaurantes más económicos (aunque no tan fascinantes).
Precio medio: 60 €.

TORRIJOS (A2) ❼
Doctor Sumsi, 4.
Telf. 963 732 949.
www.restaurantetorrijos.com
Cocina contemporánea sin estridencias en la que se resalta la calidad de las materias primas. Si los precios de la carta se escapan del presupuesto, hay un menú de mediodía por 50 € compuesto por dos entrantes, un arroz o un plato de carne o pescado y un postre. Otra posibilidad es acudir a su hermana menor, la taberna La Torrija, que ofrece selectas tapas y cocina en miniatura.
Precio medio: 80 €.

SUBMARINO

EL CONTEXTO

CRONOLOGÍA HISTÓRICA

138 a.C. Los romanos fundan la colonia Valentia Edetanorum en lo que había sido un asentamiento de griegos y cartagineses, junto al río Tyris.

75 a.C. La ciudad es destruida durante la guerra entre Pompeyo y Sertorio y permanece abandonada varias décadas.

Siglo I. La colonia es reconstruida durante el mandato de César Augusto y empieza su crecimiento urbano.

Siglo IV. Se crea la primera comunidad cristiana en torno a la memoria de san Vicente, martirizado en el año 304.

709. Los musulmanes inician la ocupación pacífica de Valencia.

S. XI. Con la llegada de los amiríes (descendientes de Almanzor) se crea el reino taifa de Balansiya y la ciudad vive una época de esplendor. Aumenta el comercio con la España cristiana y florecen industrias como la de la seda, el papel o la cerámica.

1094. Tras campañas de asedio, el Cid reconquista la ciudad y se proclama príncipe de Valencia, donde vive hasta su muerte, en 1099.

1101. Valencia cae en poder de los almorávides, pese a ser defendida por la viuda del Cid, doña Jimena, con la ayuda de Ramón Berenguer III de Barcelona.

1238. Jaime I de Aragón reconquista la ciudad. El acuerdo de capitulación permite que musulmanes, judíos y cristianos convivan en paz y conserven sus posesiones.

1348. La peste negra y otras epidemias diezman la población.

1363. Este año y el siguiente Valencia repele por dos veces el ataque del ejército castellano. Pedro el Ceremonioso la premia con el título de "dos veces leal" (las dos eles que figuran en el escudo).

1391. Los conflictos de convivencia llevan a los cristianos a asaltar el barrio judío y a obligar a sus habitantes a convertirse. Años después, asaltan con idéntico propósito la morería.

CRONOLOGÍA HISTÓRICA

S. xv. Valencia vive su época de máximo esplendor: es la ciudad más poblada de la Corona de Aragón y la riqueza derivada del comercio con el Mediterráneo y Europa se traduce en la construcción de sus edificios más emblemáticos: Lonja de la Seda, el Micalet...

1502. Se funda la Universidad de Valencia con el nombre de Estudi General.

1609. La expulsión de judíos y moriscos, decretada por los Reyes Católicos, y el poder cada vez mayor de la nobleza empobrece a la ciudad.

1707. Durante la Guerra de Sucesión, Valencia es ocupada por las tropas de Carlos de Austria y luego por las de Felipe V. Tras la victoria borbónica, los fueros valencianos son derogados y sustituidos por las leyes castellanas mediante los decretos de Nueva Planta.

1812. Aunque la Guerra de Independencia comenzó en 1808, Valencia no fue conquistada por el ejército francés hasta 1812. Durante unos pocos meses fue la capital del Estado, al trasladarse a ella José Bonaparte y su gobierno tras huir de Madrid.

1866. Comienza el derribo de las murallas árabes, que impiden el desarrollo urbanístico de la ciudad.

1882. Algunos barrios comienzan a disponer de alumbrado eléctrico.

1884. Se planea el Ensanche, con dos avenidas que bordean la ciudad: Gran Vía Marqués del Turia y Gran Vía Fernando el Católico.

1916. Termina la construcción del Mercado de Colón y se inicia la de otro edificio emblemático del modernismo: el Mercado Central.

1936. En noviembre, Valencia se convierte en capital de la España republicana. Hasta que el Gobierno de la República se traslada a Barcelona (1937), el Congreso se reúne en la Lonja.

1957. El 14 de octubre de desborda el cauce del Turia y causa decenas de muertos y cuantiosas pérdidas materiales. Para prevenir futuras inundaciones se construye un nuevo cauce fuera de la ciudad.

1988. Se inaugura la red de metro y tranvía.

1998. Con la apertura del Hemisfèric se inaugura la Ciudad de las Artes y las Ciencias, diseñada por Santiago Calatrava y Félix Candela.

2007. Valencia es la sede de la 32 edición de la regata America's Cup.

2008. Aprovechando parte de las estructuras levantadas para la America's Cup, se diseña un circuito urbano en el que se disputa por primera vez el Gran Premio de Europa de Fórmula Uno.

VALENCIA: PASADO Y FUTURO

Las grandes ciudades no se forjan en un día. Las dificultades, los logros, las determinaciones y los retos superados conforman el carácter de sus ciudadanos, y únicamente revisitando el pasado se puede mirar al futuro. En Valencia, lo viejo y lo nuevo no sólo se dan la mano. Su complicidad va más allá: se abrazan, en un gesto que en absoluto resulta forzado. Las costumbres más arraigadas no se desdeñan, sino que se exaltan (¿acaso hay algo más tradicional que las fallas o las procesiones del Corpus?), pero de igual modo entusiasman a los valencianos los edificios de ciencia ficción de Calatrava, por ejemplo. El propósito de este apartado de la guía es ofrecer unas gotas de ese espíritu conciliador que se respira en Valencia: el resultado de mezclar en la coctelera pasado y futuro.

Vocación mercantil ■

Desde que los mercaderes contribuyeron a que el siglo XV fuera su época de mayor esplendor, Valencia nunca ha perdido su vocación mercantil. Según las estadísticas municipales, el 85% de la población se dedica a actividades comerciales, profesionales, artísticas o de servicios.

Sólo hay que darse un paseo por una calle céntrica para percibir que el comercio minorista es el sistema nervioso de su economía, y que, entre otros nutrientes, ésta necesita un flujo denso y constante de visitantes. De ahí que la ciudad celebre con alborozo acontecimientos como la Copa del América o un gran premio de Fórmula Uno, y que promueva la creación de espacios culturales, como la Ciudad de las Artes y las Ciencias, que atraen a un público numeroso e inquieto. Pero la actividad comercial ya es por sí misma un atractivo de la ciudad.

Más allá de la decena larga de centros comerciales que salpican la periferia de la ciudad, y de las tiendas de marca clónicas que se suceden en la principal arteria comercial, la calle Colón, Valencia tiene sus particularidades. Por ejemplo, haber atraído un emblema *cool* de la moda madrileña, el Mercado de Fuencarral (Tirso de Molina, 16; telf. 963 173 640; www.mdf.es). Dicen sus responsables que no es sólo el mercado, sino toda la calle de Fuencarral la que ha sido trasplantada a Valencia. Lo cierto es que el nuevo espacio no posee la pátina canalla del emplazamiento original y se parece mucho a un centro comercial convencional, con sus cines y sus cafés y restaurantes asépticos. Eso sí, la última moda está garantizada en sus tiendas de ropa y complementos.

El Mercado de Colón es otra singularidad del tejido comercial valenciano. Nacido para abastecer de alimentos frescos a la burguesía que habitaba el Ensanche, los años y la falta de mantenimiento lo llevaron a la decrepitud a finales del siglo XX. En 2003, tras una costosa restauración, que permite apreciar sus detalles modernistas, el talento de su autor, Francisco Mora, y la influencia de sus colegas, Gaudí y Domènech i Montaner, el mercado se ha reinventado como galería comercial y de ocio donde conviven

DETALLE DE LA FACHADA DEL MERCADO DE COLÓN.

floristerías, cafés, librerías y tiendas de *delicatessen* que atraen a un público hedonista y *gourmet,* el mismo que frecuenta el Mercado Central para aprovisionarse de las mejores verduras y pescados.

Tan antiguo como el de Colón, el Central sigue fiel a su función primigenia y está ubicado en pleno barrio del Carmen, donde las tiendas de artesanía que venden cerámica tradicional o artículos de mimbre cohabitan con comercios ecológicos, étnicos, alternativos o radicalmente modernos.

El casco histórico es también el paraíso de aquellos que buscan arte a buen precio, libros viejos o raros, ropa urbana de diseño o una ferretería en la que vendan una paella de hierro (primer requisito para que el plato nacional tenga posibilidades de éxito).

Más particularidades: en pocas ciudades coexisten la vanguardia de la moda, el arte y el diseño industrial con los mercadillos de siempre, que en Valencia se celebran todos los días y en distintos barrios, aunque para el visitante quizá el más curioso sea el de la plaza Redonda, cuyas vetustas tiendas ofrecen bordados, cerámica y otras muchas cosas hechas a mano que nos trasladan a otra época y otras costumbres.

Arte, diseño y arquitectura

■ 34 museos, medio centenar de galerías de arte y una amplia representación de la arquitectura de vanguardia conforman una parte sustancial de la oferta cultural de Valencia.

Además de recorrer museos como el espectacular IVAM o el de Bellas Artes –la segunda pinacoteca española, después del Prado–, es recomendable que los visitantes estén atentos a lo que se cuece en el circuito del arte, pues encontrarán exposiciones sorprendentes. Otra propuesta interesante es Valencia.Art (www.valencia-art.org), la feria de arte contemporáneo que se celebra en octubre y que reúne cerca de 30 galerías de España y Portugal. En ediciones anteriores tuvo como sede un hotel, pero desde 2009 ocupa el claustro renacentista del Centro del Carmen.

Sobresale también el diseño industrial valenciano, debido en parte al prestigio de la Escuela de Arte y Superior de Diseño de Valencia, fértil cantera de nuevos talentos, y a la potente industria del mueble y la decoración, que se manifiesta en las diversas ferias dedicadas al interiorismo que a lo largo del año organiza Feria de Valencia.

Pero lo que realmente maravilla al turista con inquietudes estéticas y culturales es la arquitectura. El catálogo monumental contiene soberbios ejemplos del gótico, el Renacimiento o el barroco, el modernismo se refleja en la Estación del Norte o el Mercado de Colón, y la vanguardia aparece por todos lados, principalmente en la Ciudad de las Artes y las Ciencias, el gran proyecto de Santiago Calatrava, al que también contribuyó Félix Candela con las singulares cubiertas del Oceanogràfic. Los edificios "de autor" son muchos más: el Palacio de Congresos, de Norman Foster, y Veles e Vents, de David Chipperfield, son un buen ejemplo, pero hay más y habrá otros en el futuro próximo, como el estadio Nou Mestalla (Reid Fenwick Asociados) o el espacio multiusos Àgora, situado en la Ciudad de las Artes y las Ciencias y firmado por Santiago Calatrava. La estación central del AVE, el rascacielos ARTeria Valencia, el parque Central, que cubrirá las antiguas vías de tren, la ampliación del IVAM, que será recu-

◀ EL CONTEXTO

VALENCIA: PASADO Y FUTURO

EL CONTEXTO

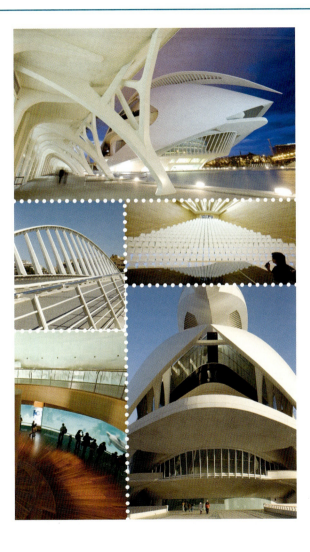

bierto con una *piel* transparente, y la ampliación del puerto, un macroproyecto que remodelará el frente litoral y en el que intervienen varios equipos de arquitectos, son las principales iniciativas que ya se están ejecutando y que confirmarán a Valencia como una de las capitales de la arquitectura mundial.

La Huerta de Valencia

■ El desarrollo de Valencia a lo largo de los siglos debe mucho a su huerta, aunque la construcción de nuevos barrios ha devorado no pocas hectáreas de cultivo, y muchos kilómetros de acequias discurren ahora bajo asfalto y cemento.

Pero la Huerta de Valencia (L'Horta) sigue siendo un vasto territorio formado por cuatro comarcas: la propia ciudad, L'Horta Nord, L'Horta Sud y L'Horta Oest.

La huerta valenciana nació en la época del Imperio romano y se perfeccionó en los siglos de dominio islámico, cuando se construyeron acequias, azudes y molinos para controlar y gestionar el imprevisible caudal del Turia. De la huerta proceden viviendas típicas como la alquería y la barraca, instituciones como el milenario Tribunal de las Aguas, que dirime los conflictos entre regantes, y conceptos que hoy parecen de nuevo cuño, como los huertos urbanos, pero que forman parte de la esencia de la vega valenciana, que ha sido desde siempre la despensa de la ciudad, complementada con el arroz y el pescado procedentes de la Albufera.

Todo este paisaje y sus frutos se sintetizan en la paella, donde comparecen las materias primas que han servido de sustento a los valencianos a lo largo de los siglos. Muchas hectáreas de huerta han desaparecido, y muchas se conservan (cerca de 12.000), pero son claramente insuficientes para nutrir a la capital y las ciudades y pueblos de la periferia, que conforman una

de las zonas más densamente pobladas de España. La Huerta, sin embargo, sobrevive, la Norte mejor que la Sur; los agricultores siguen labrando las tierras y por sus alquerías desfila un número cada vez mayor de valencianos que han redescubierto el sabor de las hortalizas maduradas al sol. También crece el número de turistas que, a pie o en bicicleta, se aventura por los caminos de este paisaje mítico pegado a la ciudad.

VALENCIANOS CÉLEBRES

Escritores como Juan José Millás, bailarines como Nacho Duato, cantantes como Bebe, cineastas como Luis García Berlanga, diseñadores como Francis Montesinos, actores como Arturo Valls o Toni Cantó... La lista de artistas nacidos en Valencia que han logrado fama o reconocimiento es interminable y quizá sea un reflejo del carácter vital, inquieto y creativo de esta ciudad, que desde siempre ha visto nacer talentos en todas las ramas del saber.

Mariano Benlliure (1862-1947). Escultor y artista precoz (expuso sus primeras obras con menos de diez años). Su vasta obra está presente en muchas ciudades, en forma de monumentos o esculturas, como la de Goya, frente a la entrada del Museo del Prado.

Vicente Blasco Ibáñez (1867-1928). Escritor, periodista y político. Suyas son obras como *La barraca, Entre naranjos, Arroz y tartana* o *Cañas y barro,* que retrataron el costumbrismo valenciano con la misma exactitud con que Joaquín Sorolla, de quien fue amigo, reproducía la luz mediterránea. En el extranjero fue conocido sobre todo por *Los cuatro jinetes del Apocalipsis,* novela que cautivó al público norteamericano y cuyo éxito se amplificó al ser llevada al cine. Aunque su carácter inquieto y cosmopolita le llevó a viajar con frecuencia a países como Estados Unidos, Argentina o Francia, siempre regresaba a su chalé de la Malvarrosa, donde se reunía con amigos, políticos e intelectuales. La villa es hoy la casa-museo dedicada al artista.

Santiago Calatrava (1951). Ingeniero de formación y arquitecto de profesión, de Calatrava se suele decir que ha sabido unir ambas disciplinas en su obra. En cualquier caso, los proyectos de

Santiago Calatrava, premio Príncipe de Asturias de las Artes, no pasan desapercibidos y son fácilmente reconocibles por sus formas orgánicas y por el empleo del hormigón blanco y el cristal. En Valencia, llevan su firma los edificios de la Ciudad de las Artes y las Ciencias y los puentes de la Exposición (también llamado La Peineta) y 9 de Octubre.

Guillem de Castro (1569-1631). Dramaturgo y autor de *Las mocedades del Cid* y de numerosas comedias.

Pedro Cavadas (1965). Cirujano plástico experto en el trasplante de extremidades.

San Vicente Ferrer (1350-1419). Fraile dominico, predicador, lógico y filósofo, es el patrón de la Comunidad Valenciana. Fue muy apreciado en su época, a pesar de que en sus prédicas solía anunciar la inminente llegada del Anticristo.

Damià Forment (1480-1540). Escultor, considerado uno de los introductores del Renacimiento en España.

José Iturbi (1895-1980). Pianista, compositor y director de orquesta. A lo largo de su carrera dirigió algunas de las más prestigiosas orquestas del mundo, como la Filarmónica de Nueva York o la Sinfónica de Chicago, pero se le recuerda sobre todo por su trabajo como músico en la época dorada de los musicales de Hollywood. En Valencia llevan su nombre el Conservatorio Municipal y un concurso internacional de piano.

Javier Mariscal (1950). Dibujante y diseñador gráfico, comenzó su carrera profesional en el cómic *underground* y con el tiempo se decantó hacia el diseño industrial y el interiorismo, con la creación de muebles, telas estampadas y todo tipo de objetos. La elección de su perro Cobi como mascota de los Juegos Olímpicos de Barcelona fue su consagración y convirtió su estilo vitalista y desenfadado en uno de los emblemas de la ciudad. Desde los años noventa dirige en Barcelona el Estudio Mariscal, empresa multidisciplinar que trabaja en todo tipo de proyectos artísticos.

Joanot Martorell (1413-1468). Autor de *Tirant lo Blanch*, considerada la primera novela moderna de Europa.

Pedro III de Aragón (1240-1285). Llamado el Grande, fue rey de Aragón, rey de Valencia y conde de Barcelona. El hijo de Jaime I y Violante de Hungría expandió la Corona de Aragón por el Mediterráneo.

Concha Piquer (1908-1990). La cantante y actriz valenciana ha pasado a la historia como una de las máximas representantes de la copla española. Tras debutar a los 11 años y actuar en los más importantes teatros valencianos, viajó a Estados Unidos y trabajó en los escenarios de Broadway durante cinco años. A su regreso, siguió compaginando las actuaciones musicales con el cine, hasta que conoció a los compositores Quintero, León y Quiroga e interpretó sus más conocidas coplas, como *Tatuaje* u *Ojos verdes*. Valencia le ha dedicado una calle y un museo.

Demetrio Ribes (1877-1921). Arquitecto modernista. Diseñó la Estación del Norte de Valencia, y también la de Príncipe Pío de Madrid y la antigua Estación del Norte de Barcelona.

Joaquín Sorolla (1863-1923). Nadie como este popular pintor ha retratado la luz de Valencia. Su vasta obra (más de 2.000 obras) evolucionó desde el realismo social al costumbrismo, y su estilo impresionista destaca por el dominio de la luz y el color. Suyos son cuadros tan conocidos y admirados como *La vuelta de la pesca*, *Niños en la playa* o *Paseo a la orilla del mar*, o los 14 murales que pintó para la Hispanic Society of America, que representan escenas tradicionales españolas.

En Valencia tiene un monumento, en la plaza de la Armada Española, aunque una iniciativa popular solicita que vuelva a su emplazamiento original en el paseo Marítimo.

ÍNDICE

Accesibilidad, 44
Agenda, 48
Àgora, 97
Albufera, 28
Almudín, 67
Alojamiento, 106
Arte, diseño
    y arquitectura, 119
Ayuntamiento, 54

Bares y discotecas, 104
Barrio del Cabanyal, 102
Barrio del Carmen, 59
Basílica de Nuestra Señora
    de los Desamparados, 61
Bioparc, 100

Calle de la Paz, 88
Casa-Museo Benlliure, 80
Casa-Museo Blasco Ibáñez, 102
Casa-Museo
    Concha Piquer, 82
Catedral, 22, 63
Centro Cultural
    La Beneficencia, 76
Centro del Carmen, 79
Ciudad de las Artes
    y las Ciencias, 10, 90
Compras, 45, 117
Convento de Santo Domingo, 85
Cripta Arqueológica
    de la Cárcel de San Vicente, 68
Cronología histórica, 114

Edificio del Reloj, 103
Edificio Veles e Vents, 103
Ermita de Santa Lucía, 75
Estación del Norte, 72
Estatua ecuestre
    de Jaime I, 88

Fallas, 14
Gastronomía, 24
Golondrinas, 103

Hemisfèric, 92
Historia, 116
Horchaterías, 71, 72
Huerta de Valencia, 122

Iglesia de los Santos Juanes, 58
Iglesia de San Esteban, 67
Iglesia de San Juan
    del Hospital, 69
Iglesia de San Nicolás, 59
Iglesia de Santa Catalina, 71
Iglesia de Santo Tomás, 69
Iglesia del Carmen, 80
Iglesia del Milagro, 69
Iglesia del Pilar, 75
Información turística, 39
Internet, 34

Jardín Botánico, 76
Jardines del Turia, 99

Lonja de Mercaderes, 56

Mercado Central, 18, 55, 117
Mercado de Colón, 18, 89, 117
Miguelete (Micalet), 22, 64
Muralla, 60
Museo Baños Árabes
    del Almirante, 68
Museo de Bellas Artes
    de Valencia, 83
Museo de Ciencias
    Naturales, 85
Museo de la Ciudad, 67
Museo de las Ciencias
    Príncipe Felipe, 93

ÍNDICE

Museo de Prehistoria de Valencia, 76
Museo del Colegio Arte Mayor de la Seda, 75
Museo del Siglo XIX, 79
Museo Fallero, 98
Museo Histórico Municipal, 54
Museo Nacional de Cerámica y Artes Suntuarias González Martí, 69
Museo Taurino, 74
Museo Valenciano de Arte Moderno (IVAM), 17, 78
Museo Valenciano de Etnología, 76
Museo Valenciano de la Ilustración y la Modernidad (MUVIM), 74

Niños, 44

Oceanogràfic, 97

Palacio de Batlia, 60
Palacio de Benicarló, 67
Palacio de Fuente Hermosa, 59
Palacio de los Condes de Berbedel, 67
Palacio de los Escrivá, 67
Palacio de Malferit, 59
Palacio de Pineda, 80
Palacio del Marqués Scala Santa Catalina, 60
Palau de la Generalitat, 60
Palau de la Música, 99
Palau de les Arts Reina Sofía, 91
Parque Gulliver, 98
Parterre, 85
Paseo de Neptuno, 103
Paseo Marítimo, 101
Playas, 20, 100
Plaza de la Almoina, 63
Plaza de la Virgen, 60
Plaza de Manises, 60
Plaza de San Vicente Ferrer, 88
Plaza de Toros, 73
Plaza del Ayuntamiento, 54
Plaza del Carmen, 79
Plaza Redonda, 70, 71, 118
Portal de la Valldigna, 59
Puente de la Exposición, 99
Puente de la Trinidad, 82
Puente de Serranos, 82
Puerto, 103

Reales Atarazanas, 103
Restaurantes, 109
Rialto, 55

Santo Grial, 64

Tapeo, 86
Teléfonos de interés, 44
Tinglados modernistas, 103
Torres de Quart, 75
Torres de Serranos, 80
Transporte turístico, 42
Transportes, 32, 35
Tribunal de las Aguas, 63, 66

Umbracle, 95

Valencianos célebres, 123
Visitas guiadas, 4